THÈSE

POUR LE DOCTORAT

PARIS
IMPRIMÉ PAR E. THUNOT ET Cⁱᵉ
RUE RACINE, 26
1868

FACULTÉ DE DROIT DE PARIS.

THÈSE POUR LE DOCTORAT

DROIT ROMAIN
DU PÉCULE CASTRENSE

DROIT FRANÇAIS
DU FRANÇAIS A L'ÉTRANGER
(MARIAGE—TESTAMENTS—PERTE DE NATIONALITÉ)

L'ACTE PUBLIC SUR LES MATIÈRES CI-APRÈS SERA SOUTENU

le mardi **25 août 1868**, à **3 heures**

PAR

EUGÈNE-ILDEFONSE PLICHON

AVOCAT A LA COUR IMPÉRIALE DE PARIS,

Né à Bailleul (Nord)

PRÉSIDENT : M. BUFNOIR, professeur,

SUFFRAGANTS :
MM. COLMET-DAAGE,
DUVERGER,
MACHELARD, — Professeurs
LÉVEILLÉ, — Agrégé.

Le candidat répondra, en outre, aux questions qui lui seront faites
sur les autres matières de l'enseignement.

PARIS
IMPRIMÉ PAR E. THUNOT ET Cᵉ,
RUE RACINE, 26, PRÈS DE L'ODÉON.
1868

DROIT ROMAIN.

DU *PECULIUM CASTRENSE.*

Les Romains s'enorgueillissaient d'avoir donné au père de famille une autorité inconnue des autres peuples : *nulli alii sunt homines qui talem in filios suos habent potestatem, qualem nos habemus* (Gaïus, C. 1, § 55).

La puissance paternelle, comme la puissance dominicale, s'étend sur les personnes et sur les biens. A l'origine elle est absolue, et suivant Denys d'Halicarnasse, c'est Romulus qui lui avait donné ce caractère. Ce qui est certain, c'est que dans la loi des douze Tables, elle nous apparaît avec cette étendue illimitée. La puissance paternelle se rattache-t-elle à l'idée de propriété ou bien au contraire à l'idée d'une magistrature domestique?

C'est une question sur laquelle on discute encore aujourd'hui.

Le père a sur eux un droit de vie et de mort; il peut les exposer, les vendre; mais en usant de ce droit sur une fille ou sur ses enfants du second degré, quel que fût leur sexe, le père épuisait sa puissance; tandis que le fils vendu par son père, et affranchi par l'acheteur, rentrait aussitôt dans la famille et sous la puissance du vendeur. Une seconde vente, suivi d'un second affranchissement, produisait le même effet, le père n'épuisait son autorité sur son fils que par une troisième vente, *si pater filium ter venum duit, filius a patre liber esto* (Gaïus, 1, Inst. 130).

Cette puissance suivra le fils pendant toute la vie du père; aucune cause, hors la volonté, ou la mort du chef ou la perte de la qualité de citoyen, ne peut la faire cesser; les charges, les hautes dignités de la république, consulat, dictature n'en affranchissent pas. Libre et maître du pouvoir dans la cité (D., L. 9, *De his qui sui vel.*), le fils reste dépendant dans la famille; il y est la chose du père, qui dispose de sa personne comme de toutes les acquisitions qu'il peut faire.

Pour le fils pas de propriété; simple instrument d'acquisition dans les mains du père, il n'a aucun droit sur les libéralités qu'il reçoit, sur les fruits de son travail : *quidquid ad filium pervenit, hoc patri adquiritur : qui in potestate nostra est, nihil suum habere potest* (Gaïus, C. 2, § 87). Un seul patrimoine existait : celui du père de famille : *paterfamilias appellatur qui in domo dominium habet* (D., L. 195, § 2, *De verb. sign.*).

Nous n'avons pas à suivre ici les restrictions apportées plus tard à la puissance paternelle sur la personne de l'enfant; nous nous proposons seulement, dans cette étude spéciale sur le *peculium castrense*, de rechercher comment, pour la première fois, un droit de propriété personnel et distinct fut reconnu au fils de famille, et de préciser la force et l'étendue de cette dérogation aux principes du vieux droit quiritaire.

Longtemps avant l'empire nous voyons se manifester une tendance à restreindre l'étendue de la puissance paternelle. Ainsi, les prudents, se fondant sur l'unité même de personne et de patrimoine qui existe entre le chef et les membres de la famille, avaient astreint le père qui voulait exclure son fils de sa part de copropriété à l'exhéréder formellement.

L'abandon fait par le père au fils d'une partie de son patrimoine, *pusillum patrimonium*, fut un pas nouveau fait dans cette voie qui conduisait à modifier la situation du fils vis-à-vis du père; mais le progrès est bien faible. « En effet, » dit M. Marezoll (2° part., liv. 4, § 155, trad. de M. Pellat), « à peine peut-on considérer comme « un véritable adoucissement celui des pécules qui est le « plus ancien et qu'on appelle souvent par excellence « *peculium*. C'était, en effet, seulement par une consé-« quence de l'assimilation du fils de famille et de l'es-« clave qu'une certaine somme, certains biens pouvaient « leur être confiés également à tous deux par le père « ou par le maître, pour qu'ils en eussent l'administration « jusqu'à révocation, car ces biens restaient sous tous « les rapports au père et au maître avec tout ce qu'ils « servaient à acquérir de nouveau. Cette séparation de « fait d'un petit patrimoine n'avait d'importance juri-« dique qu'en ce que le père ou le maître devait recon-« naître les actes d'administration de son fils ou de son

« esclave comme les siens propres ; qu'il était tenu à cet
« égard envers les créanciers, *peculio tenus*, et qu'il
« pouvait laisser ce pécule au fils de famille ou à l'es-
« clave en l'affranchissant de sa puissance. »

Il n'y avait donc là aucune exception aux anciens
principes sur l'organisation de la famille ; le père restait
toujours seul et libre propriétaire. Ils ne furent profondément modifiés que par l'introduction du *peculium castrense*. Désormais le fils de famille pourra être propriétaire ; il aura une personnalité et une individualité
juridiques distinctes de celles du *paterfamilias*.

Il serait fort difficile d'indiquer une date précise à la
naissance de ce pécule. Les Institutes nous montrent
qu'il avait une origine reculée, lorsqu'elles disent :
« *Liberi nostri utriusque sexus, quos in potestate habemus,*
« *olim quidem quidquid ad eos pervenerat, exceptis vide-*
« *licet castrensibus peculiis, hoc parentibus suis adquire-*
« *bant sine ulla distinctione.* » (I. liv. 2, titre 9, § 1.)

Ce n'est guère qu'à la fin de la république que nous
voyons apparaître cette grande innovation ; il ne faut
pas en chercher la cause dans le développement
progressif des idées de justice et d'humanité ; nous
rencontrons ici ce merveilleux et éternel phénomène
de l'histoire, la production du bien par le mal. Au
milieu des guerres civiles, d'où devait sortir l'empire,
Sylla, Marius, Pompée, César, tour à tour maîtres
de Rome, cherchent à s'attacher le dévouement de
leurs soldats ; après leur avoir donné le pillage du
monde, ils leur accordent des priviléges juridiques.
Ainsi, le soldat pourra désormais, en vertu d'une faveur
spéciale, mourir partie *testat*, partie *intestat*. Il pourra

tester sans aucune des formes solennelles, et souvent
inutiles, qu'exigeait l'ancien droit, etc.

Telles furent les vues et la politique de César, lorsqu'il reconnut au fils de famille militaire l'entière propriété des choses acquises à la guerre, et le droit d'en
disposer par testament. Il n'osa, toutefois, donner à une
si grave altération des antiques bases de la famille ro-
maine un caractère définitif, *ea concessio temporalis erat.*
Ses successeurs confirmèrent et étendirent l'institution
nouvelle. L'armée dont ils étaient les chefs et les servi-
teurs, en leur donnant le pouvoir de tout oser contre
l'ancienne constitution, leur imposait la nécessité d'user
de ce pouvoir en sa faveur : argent, flatteries, priviléges, tout lui fut jeté : *Divus Nerva plenissimam indul-
gentiam in milites contulit; eamque et Trajanus secutus
est,* nous dit Ulpien (D., L. 1, *De test. milit.*).

L'établissement du *peculium castrense* fit des soldats
une classe à part, affranchie des règles communes imposées au reste des citoyens. Ce fut une première brèche
faite à l'autorité absolue du père de famille, puisque
désormais, au lieu de l'unité de la personne civile, il put
y avoir, en face du père de famille, un autre *paterfamilias* pour ainsi dire, maître de son pécule, libre de le
vendre, de le donner, d'en disposer par testament comme
il lui plaisait. Il en résultait une sorte d'émancipation
qui fit autant de propriétaires que de soldats, et que
devaient avidement rechercher les fils de famille, dési-
reux d'être maîtres à leur tour, et d'avoir un patrimoine
à eux.

Nous diviserons cette étude du pécule *castrense* en trois chapitres :

Dans un premier chapitre, nous indiquerons les biens qui composent le pécule ;

Dans un second, nous traiterons des droits du fils sur ce pécule ;

Dans un troisième, des droits du père.

CHAPITRE PREMIER.

DES BIENS QUI COMPOSENT LE *PECULIUM CASTRENSE*.

———

Le *peculium castrense* comprend tous les biens que le fils a acquis à l'occasion du service militaire, *occasione militiæ*, toutes les acquisitions qui supposent une origine ou une destination militaire. Paul le définit : *Quod in castris adquiritur, vel quod proficiscenti ad militiam datur* (*Sent.*, liv. 8, tit. 4, § 3). Le jurisconsulte *Macer* complète et précise cette définition : « Le *peculium castrense* se compose des biens que les ascendants ou les cognats donnent au fils de famille militaire, ou des acquisitions qu'il a faites lui-même au service, acquisitions qu'il n'aurait point faites s'il n'eût été soldat. Ce qu'il aurait acquis indépendamment du service militaire ne fait point partie du *peculium castrense*. » (D., 11, *De cast. pec.*).

Nous trouvons enfin une autre définition dans un rescrit de l'empereur Alexandre ainsi conçu : *Peculio castrensi cedunt res mobiles, quæ eunti in militiam a patre vel a matre aliisve propinquis, vel amicis donatæ sunt : item quæ in castris per occasionem militiæ quæruntur : in qui-*

bus sunt etiam hereditates eorum, qui non alias noti esse potuerunt, nisi per militiæ occasionem, etiamsi res immobiles in his erunt (L. 1, *De cast. pec.*, C., 12, 37).

Les décisions que nous allons parcourir ne sont que des applications de ces principes.

Il faut placer parmi les biens qui tombent dans le *peculium castrense* :

La solde qui comprenait la paye, le blé, les vêtements et les armes que l'on fournissait aux soldats ; les récompenses accordées aux actions d'éclat, récompenses qui consistaient en colliers, bracelets, etc. ; les distributions d'argent faites à leurs soldats par les généraux qui devaient obtenir les honneurs du triomphe ; la part attribuée à chaque soldat dans le butin pris sur l'ennemi, etc.

Nous avons vu dans la loi 11 que les biens donnés au fils de famille, *propter militiam*, par ses père et mère et autres parents, font partie du pécule ; il y a ici cependant une distinction à faire, distinction qui a été établie dans un rescrit de l'empereur Alexandre, qui forme la loi 4 (*Famil. esciscc.*, C., 3, 36). — Aux termes de ce rescrit, le *peculium castrense* comprendra les choses mobilières données par le père à son fils militaire ; mais les immeubles donnés par le père à son fils, à son départ pour l'armée, resteront en dehors du pécule.

Cette différence repose sur l'intention présumée du donateur. On conçoit, en effet, qu'un père donne à son fils, qui quitte la maison paternelle pour se rendre à l'armée, un cheval, des armes. Dans ces différents cas, c'est bien à l'occasion du service militaire que la donation est faite : le doute n'est pas possible ; mais, si ce père a donné un immeuble, on ne sait pas au juste ce qu'il a voulu. Un père n'est pas dans l'habitude de donner un immeuble à son fils, parce que celui-ci embrasse la carrière militaire, et le doute doit s'interpréter en sa faveur.

Il faut, d'ailleurs, se garder de conclure que le *peculium castrense* ne peut comprendre des immeubles. — La loi 1 au Code *De cast. pecul.* le prouve surabondamment.

Cette constitution déclare que les hérédités feront partie du pécule, ou n'en feront pas partie, suivant que les relations entre le disposant et l'institué auront, ou non, pris naissance *per militiæ occasionem*, et le texte ajoute, *etiamsi res immobiles in his erunt.*

Le fils sera donc propriétaire des objets qu'il a emportés à l'armée du consentement de son père.

Au contraire, ce que le père lui donnera après son retour ne tombe pas dans le *peculium castrense;* ces objets resteront dans le patrimoine paternel, ou plutôt ils entreront dans le pécule profectice, sur lequel le fils n'a qu'un simple droit de jouissance : *pater, filio milite reverso, quod donat, castrensis peculii non fit. Sed alterius peculii, perinde ac si filius nunquam militasset* (L. 15, *De castr. pec.*).

Remarquons toutefois que l'existence actuelle du service militaire n'est pas une condition nécessaire pour la conservation du *peculium castrense;* devenu vétéran, le fils de famille gardera néanmoins le petit patrimoine qu'il a acquis pendant le temps de son service.

Ulpien, dans la loi 3, a pris soin d'indiquer spécialement, parmi les libéralités qui grossissent le pécule, celles qu'une mère fait à son fils partant pour l'armée. En principe, une mère ne peut rien donner à son fils *in patria potestate.* La règle qui prohibe les donations entre époux,

combinée avec le principe qui attribue au père le bénéfice de toutes les acquisitions du fils, s'y oppose; mais ici
la libéralité tombant dans le *peculium castrense*, ne profite qu'au fils et le père n'en retire aucun avantage (L. 3,
De cast. pecul.; L. 3, § 4, *De donat. inter vir. et uxo.*). Nous
venons de dire que les donations entre époux étaient
prohibées. Il y avait cependant une exception pour celles
qui étaient faites *manumissionis causa, manumissionis gratia inter virum et uxorem donatio favore libertatis recepta
est, vel certe quod nemo ex hac locupletior fiat, ideoque
servum manumittendi causa, invicem sibi donare, non prohibentur* (Paul Sent. liv. 2, tit. 23, § 2). Si donc on
suppose qu'un mari fils de famille, partant pour l'armée,
reçoit de sa femme un esclave, afin de l'affranchir, pourrat-il l'affranchir de sa propre volonté, et avoir dans son
pécule les droits de patronage?

Ulpien répond que les droits de patronage n'entreront
pas dans le *peculium castrense* : cette acquisition, en
effet, n'a pas pour cause le service militaire, puisque ce
n'est pas à son occasion que le mari a connu sa femme.
Mais le jurisconsulte ajoute qu'il en serait autrement si
la femme avait voulu donner à son mari des affranchis
habiles ad militiam, qui resteraient près de lui à l'armée,
par exemple comme médecins : la donation, faite alors
en vue du service militaire, fera naturellement partie du
pécule; et le fils de famille pourra affranchir l'esclave de
sa propre volonté, sans la permission de son père : *Potest dici, sua voluntate, sine patris permissu, manumittententem ad libertatem perducere* (L. 6, *De cast. pecul.*).
La donation faite alors en vue du service militaire fera
naturellement partie du pécule.

Ce qu'un compagnon d'armes, *commilito*, lègue ou

donne à un fils de famille, lors même qu'ils se sont connus ailleurs qu'à l'armée, fait partie du *peculium castrense*. On présume que la profession militaire est la cause déterminante de la libéralité. — Le fils, institué par un de ses compagnons d'armes, ne devra donc pas attendre le *jussus patris* pour faire une adition valable; il n'aura à prendre pour guide que sa seule volonté (L. 5, D., *De castr. pec.*). Tryphoninus (L. 9, D., *De castr. pec.*) nous apprend que Scævola avait des doutes sur la succession déférée à un fils de famille soldat par un compagnon d'armes, qui était en même temps son agnat. L'institution est-elle due au lien de parenté ou bien à la vie commune dans la même armée, qui a resserré leurs rapports d'affection (*commilitum caritatem auxit*)? Tryphoninus résout la difficulté par une distinction. Le testament a-t-il été fait antérieurement à l'époque où les deux agnats sont devenus compagnons d'armes, l'hérédité dont il s'agit n'entrera pas dans le *peculium castrense* : c'est le père qui la recueillera.

Est-il postérieur, a-t-il été fait depuis que le testateur et l'institué se trouvaient ensemble au service, l'hérédité appartiendra au pécule (L. 15, D., *De castr. pec.*).

Nous trouvons la même décision dans un rescrit de l'empereur Gordien, qui forme la loi 4, *De castr. pec.*, C., 12, 37. Un fils de famille avait été institué héritier par son frère, dont il était le compagnon d'armes. Il est juste, dit l'empereur, que cette succession tombe dans le *peculium castrense* plutôt que dans le patrimoine du père, sous la puissance duquel se trouve l'héritier; car il y a tout lieu de croire que cette communauté de travaux et de fatigues, que cette association de deux frères aux mêmes dangers n'a pas été sans augmenter leur affection fraternelle, et sans ajouter à leur tendresse réciproque. —Papinien (L. 16 pr., D., *De pec. castr.*) fait observer qu'il est nécessaire, pour que le fils de famille profite de cette institution, que les deux compagnons d'armes aient servi dans le même pays ; l'hérédité, qu'un militaire a laissé à son cousin germain qui servait dans une autre province, et avec lequel il n'avait jamais fait la guerre, n'entre point dans le pécule de l'institué ; l'institution d'héritier, dans ce cas, a pour cause les liens de parenté, et nullement le service militaire : *Sanguinis ratio, non militiæ causa, meritum hereditatis accipiendæ præbuerat* (L. 16, § 1, D., *De pec. castr.*).

La loi 1, au Code, *De castr. pec.*, prévoit le cas où le fils de famille militaire a été institué par sa mère, et décide que cette hérédité ne tombera pas dans le *peculium castrense* ; ce n'est pas, en effet, au soldat, mais au fils que la libéralité est faite : c'est l'affection maternelle, et non la circonstance qu'il est militaire qui l'a dictée. Le fils ne pourra donc faire adition que sur l'ordre de son père, son rôle sera purement passif ; il ne contracte aucune obligation personnelle : c'est au père qui recueille l'émolument de la succession à en supporter les charges. — La dot donnée ou promise au fils de famille militaire n'entre pas dans le *peculium castrense* ; destinée à subvenir aux charges du ménage, elle appartient à celui sur qui elles pèsent, c'est-à-dire au père, chef de la famille, *ubi opus ibi emolumentum esse debet.* Papinien fait remarquer que cette décision ne contredit en rien le rescrit de l'empereur Adrien, qui permet au fils de garder dans son *peculium castrense* l'hérédité que lui avait déférée sa femme. *Nam hæreditas adventitio jure quæritur : dos autem matrimonio cohærens, oneribus ejus, ac liberis com-*

munibus, qui sunt in avi familia, confertur (L. 16, D. p., *De castr. pec.*).

La déclaration expresse du disposant, que son intention est de faire entrer dans le *peculium castrense* la donation ou l'institution qu'il fait au profit du fils de famille militaire, ne pourrait lui attribuer le bénéfice de ces libéralités, si, en fait, la profession militaire n'en a pas été la cause déterminante. C'est ce qui résulte expressément d'un fragment d'Ulpien, qui forme la loi 8, D., *De pec. castr.*, ainsi conçu : *Si forte uxor vel cognatus, vel quis alius, non ex castris notus, filiofamilias donaverit quid, vel legaverit, et expresserit nominatim, ut in castrensi peculio habeat. An possit castrensi peculio adgregari? et non puto. Veritatem enim spectamus, an vero castrensis notitia vel affectio fuit, non quod quis finxit.*

Cette opinion d'Ulpien semble directement contraire à celle émise dans les lois 13 et 16 par Papinien. Ce jurisconsulte donne, en effet, une décision différente, en se fondant sur un rescrit d'Adrien, qui décide que, si un fils de famille militaire est institué héritier par sa femme l'hérédité tombe dans le *peculium castrense*, et que les esclaves héréditaires, auxquels il a donné la liberté, deviennent ses propres affranchis.

Y a-t-il antonomie entre la loi 8 et les lois 13 et 16 ?

Plusieurs conciliations ont été proposées.

Cujas, et après lui Pothier, ont cru trouver, dans la législation caducaire, l'explication des lois 13 et 16. Les lois Julia et Papia Poppæa frappaient de certaines déchéances les célibataires et les personnes mariées qui n'avaient pas d'enfants. Une disposition, notamment, défendait à la femme stérile de laisser à son mari plus d'un dixième de la succession. Adrien, d'après Cujas et

Pothier, aurait fait exception à cette règle en faveur du mari soldat, et l'hérédité lui arrivant alors *militiæ causa*, parce qu'il est soldat, devait naturellement tomber dans le *peculium castrense*.

Dans la loi 8, au contraire, Ulpien reste dans le droit commun. Il suppose une femme qui a des enfants, et qui peut laisser à son mari *paganus* l'intégralité de ses biens; Le mari, les recueillant alors indépendamment de sa qualité de militaire, ils ne doivent pas être compris dans le *peculium castrense*.

La base de cette explication repose tout entière sur un fait, la stérilité de la femme, soumise dès lors à l'application des lois caducaires. Mais cette circonstance, qui entraîne la décision de Cujas et de Pothier, n'apparaît nullement dans les deux lois de Papinien. Aucun texte d'ailleurs ne mentionne cette faveur nouvelle accordée aux militaires. Il y a plus, en admettant l'explication de Cujas, le *peculium castrense* ne devrait avoir que les neuf dixièmes de l'hérédité, le mari *paganus* ayant, dans l'espèce qu'il suppose, le *jus capiendi* pour un dixième (Ulpien, Sent., tit. 15); or Papinien attribue l'hérédité au pécule sans distinction.

Il se peut aussi que le rescrit d'Adrien ait été rendu dans des circonstances particulières, dont la mention aurait été effacée par les compilateurs du Digeste. On en a vu la trace dans les mots *militantem militem* qu'on ne retrouve pas dans la loi 8. Ulpien, en indiquant la règle générale n'a pas cru nécessaire de rappeler une décision toute exceptionnelle, toute spéciale.

D'autres commentateurs ont voulu concilier ces deux textes, en disant que les hypothèses qu'ils prévoyaient n'étaient pas absolument identiques; à leur avis, le rescrit d'Adrien faisait entrer dans le *peculium castrense* du fils de famille militaire l'hérédité qui lui était déférée par sa femme. Adrien ne statuait que sur la dévolution d'une hérédité entière ; Ulpien, au contraire, prévoyant le cas où une femme n'aurait fait à son mari qu'un simple legs, avait reculé devant l'extension du rescrit à cette hypothèse particulière, et était resté dans la règle générale. Cette explication est encore celle qui nous paraît la plus admissible ; cependant une pareille timidité ne se comprendrait guère de la part d'Ulpien, le plus novateur des jurisconsultes romains, et le plus enclin à laisser de côté toute distinction trop subtile. Nous aimons mieux reconnaître qu'aucune de ces explications n'est pleinement satisfaisante.

Jusqu'à présent, en étudiant la composition du *peculium castrense* nous n'avons parlé que des acquisitions faites *occasione militiæ ;* là ne se borne pas notre nomenclature. Le *peculium castrense* peut se grossir par accession, ou par l'effet de la consolidation. Le fils se trouvera donc plein propriétaire de l'esclave du pécule, sur lequel le père avait un droit d'usufruit qu'il a laissé perdre, par exemple par non-usage (L. 15, § 4, *De cast pec.*). Tout ce qui est acquis *ex rebus castrensibus* vient augmenter le pécule ; il s'accroît ainsi de ce que l'esclave *peculiaris* acquiert par succession, donation, legs, stipulation, et cela même au cas où c'est entre l'esclave du pécule et le père de famille qu'est intervenu la stipulation. Dans toutes ces circonstances *sine distinctione*, il acquiert au pécule.

Quant aux opérations faites par le fils de famille, il faut distinguer : ce dernier, en effet, joue un double rôle *duplex jus sustinet : paterfamilias* pour ce qui regarde le pécule, il reste *filiusfamilias* pour tout le reste. Le bénéfice des acquisitions qu'il fait *ex causa peculii* lui appartient en propre ; il pourrait même, *ex causa peculii*, s'obliger envers son père, et obliger son père envers lui civilement. Mais, en dehors du *peculium castrense*, il ne pourrait y avoir entre eux que des obligations naturelles (L. 15, 1 et 2, *De castr. pec.*).—Quant aux acquisitions qu'il pourrait faire *ex causa paganica*, elles profitent non plus au pécule mais au *paterfamilias*.

Il ne saurait être question de pécule à l'égard d'une personne *sui juris*, d'un *paterfamilias*. Il peut cependant n'être pas indifférent de mettre dans une catégorie à part les choses acquises *occasione militiæ*, par un père de fa mille dont les biens forment aujourd'hui un patrimoine indépendant. Supposons, en effet, qu'un *paterfamilias* se donne en adrogation. Régulièrement, la fortune de l'a- drogé devrait se confondre avec celle de l'adrogeant. Tertullien, néanmoins, décide que, même dans cette hy- pothèse, les biens que ce militaire avait acquis *occasione militiæ*, et qui lui auraient formé un *peculium castrense*, s'il avait été fils de famille, lui restent propres ; le pécule se forme pour ainsi dire rétroactivement (L. 4, § 2, D., *De castr. pec.*).

CHAPITRE II.

DROITS DU FILS SUR LE PECULIUM CASTRENSE.

Le fils de famille est propriétaire des objets compris dans le pécule ; il a sur eux tous les droits d'un père de famille : *Filiifamilias in castrensi peculio vice patrumfamiliarum funguntur*, nous dit Ulpien (D., L. 2, *De s. c. Maced.*). Il peut l'administrer librement, en disposer à titre onéreux ou à titre gratuit.

Il peut affranchir les esclaves du pécule, mais deviendra-t-il leur patron ? Cette hypothèse est prévue par la loi 22, *De bonis libertorum*, au Digeste. Julien pensait que cet esclave devenait l'affranchi du père, mais que le fils devait avoir, de préférence au père, le droit de demander la *bonorum possessio liberti*. —Contre l'avis de Julien, l'empereur Adrien établit, par un rescrit, que cet esclave devenait véritablement l'affranchi du fils de famille (D., L. 22, *De bon. libert.*).

Il n'a pas besoin de l'ordre ou du consentement de son père pour faire adition d'une hérédité, qui lui est déférée par un compagnon d'armes (L. 5). — Le fils a toujours le droit d'*actio* et de *persecutio* pour les choses dépendantes de son pécule, même malgré son père.

Si le fils détient dans son pécule la chose d'autrui, c'est contre lui que le propriétaire doit intenter la revendication, et non contre le père. D'autre part, c'est sur

2

le pécule que ses créanciers se feront payer ce qui leur est dû ; mais remarquons que tant qu'il est à l'armée, il jouit du bénéfice de compétence (D., L. 6, *De re juridic.*).

Si le fils de famille est obligé *ex causa castrensi*, il est évident que ses créanciers n'auront point l'action *de peculio* contre le père ; car ce père n'a pas la jouissance du pécule, et, dès lors, on ne voit point pourquoi il serait obligé même *intra modum hujus peculii*. C'est ce qu'a fort bien expliqué la loi 18, § 5 : *Sed non cogendus est pater æs alienum quod filius peculii nomine quod in castris adquisivit fecisse dicetur, de peculio actionem pati.* — Si le père veut bien souffrir l'action personnelle, qui sera intentée par le créancier de son fils, il sera dans la position de tout autre *procurator*, et sera forcé de donner satisfaction, conformément à l'adage : *Qui alienam causam suscipit, nunquam locuples habetur.*

Toute espèce de contrat est possible au fils, même le *mutuum*; le sénatus-consulte macédonien ne lui est pas opposable dans les limites de son pécule. Ainsi ce sénatus-consulte, à l'application duquel, selon Ulpien, rien ne faisait obstacle, ni les fonctions publiques que remplit le fils de famille, ni la dignité de consul elle-même, reste sans effet lorsque le fils a un *peculium castrense. Nisi forte castrense peculium habeat, tunc enim senatus-consultum cessabit* (L. 1, § 3, S.-C. macéd.). C'est une des conséquences du rôle de *paterfamilias* qu'il joue vis-à-vis de ce pécule. Nous avons dit dans le chapitre I, que les contrats qu'il fait avec son père, à l'occasion du pécule, engendrent une obligation civile. Si un contrat est possible entre eux, un procès l'est également dans ces conditions ; c'est ce que nous apprend Gaïus dans la loi

4 *De Judiciis* au Dig.: *Lis nulla nobis esse potest cum eo quem in potestate habemus, nisi ex castrense peculio.* Alors cependant, pour rendre hommage à la puissance paternelle, et au caractère sacré du père (*sancta persona*, dit Ulpien), le fils devra demander la permission du préteur (L. 8 *De in jus voc.*)

Le fils de famille venant à la succession de son père, garde son *peculium castrense* par préciput, et n'en doit rien rapporter à ses frères (Dig. L. 1, § 15, *De Collat. bono.*)(L. 4, pr. *De pec. castr.*)

Ce pécule constitue pour le fils de famille un patrimoine propre et indépendant; le père ne peut l'en priver par aucun acte, pas même en l'émancipant, ou en le donnant en adoption.

Nous n'avons pas encore épuisé la liste des faveurs impériales, dont les soldats *filiifamilias* ont été gratifiés. Un dernier privilége, qui vient couronner tous les autres, est le droit reconnu au fils de disposer par testament de ses *bona castrensia*. Sous César, puis sous Auguste, cette faveur est accordée aux militaires en activité de service; sous Adrien, elle fut étendue aux vétérans; ce fut là véritablement un privilége, car à Rome la *factio testamenti* n'était pas une conséquence du droit de propriété; elle n'était pas de droit privé, mais de droit public *testamenti factio non privati sed publici juris est.* Il fallait l'avoir reçue de la loi; et ceux-là n'avaient pas le droit d'avoir un testament, auxquels elle n'avait pas été concédé (*quibus non est permissum condere testamentum*). Aussi fallut-il une concession spéciale des empereurs, pour que le fils de famille militaire eût le droit de tester sur son pécule (D. L. 1, *De test. milit.*).

Le fils de famille militaire jouit, pendant la durée de

la campagne, des immunités accordées aux militaires en général ; il n'est donc pas soumis à la règle *partim testatus, partim intestatus*, etc.

La loi 19, § 2, suppose qu'un fils de famille, redevenu *paganus*, a testé sur son *peculium castrense*, puis qu'il est mort dans l'ignorance complète du décès de son père, qui l'avait institué héritier. — Au moment de sa mort, il n'était plus au service, il était donc soumis à la règle que nul ne peut mourir partie *testat*, partie *intestat ;* logiquement on devrait décider que le testament est nul. Telle n'est pas cependant l'opinion de Tryphoninus ; le jurisconsulte compare ce fils à un homme qui se croit pauvre, lorsqu'il rédige son testament, et qui meurt sans avoir pu apprendre que des opérations, faites heureusement dans des pays lointains par quelques-uns de ses esclaves, l'avaient immensément enrichi. — L'héritier institué par le testament prendra l'hérédité tout entière ; il ne pourra faire adition pour le pécule, et répudier l'hérédité du père de famille ; l'institution ne pouvant plus porter seulement sur le pécule comprendra l'universalité des biens dont le fils était devenu propriétaire par suite de la mort de son père : *Necessario castrensis peculii heres scriptus universa bona habebit, perinde ac si pauper rimus facto testamento decessisset, ignorans se locupletatum esse per servos alio loco agentes.*

Le fils de famille peut disposer par testament de ses *bona castrensia*, les enlever ainsi à son père, mais il ne peut avoir sur ces biens qu'un héritier testamentaire. S'il n'a pas usé de cette faculté, s'il meurt *intestat*, il n'y a pas d'hérédité légitime ; le père survivant reprend le pécule, non pas comme héritier, mais *jure pristino*, en vertu de sa *patria potestas*.

CHAPITRE III.

De ce que le fils avait la propriété de son pécule, il semble résulter que le père, du vivant du fils, ne devait avoir aucun espèce de droit sur ce pécule : des textes pris isolément paraissent le dire *nec in eo ullum jus patris est* (C. Loi 3, *De castr. pec.*). Il faut se garder cependant de donner à ces mots un sens trop étendu ; ils signifient seulement que le père n'a pas actuellement la propriété du pécule ; qu'il n'en a pas la disposition présente.

Mais comme le pécule peut lui revenir *jure pristino*, si le fils meurt *intestat*, cette éventualité suffit pour que le père de famille ne soit pas traité entièrement comme un étranger.

Ainsi il ne sera point permis au père de l'amoindrir, de le diminuer, mais il pourra l'améliorer, par exemple en libérant les esclaves du droit d'usufruit qu'un tiers a sur eux, en affranchissant les fonds de terre de l'usufruit et des servitudes dont ils sont grevés ; il pourra aussi acquérir des servitudes actives. Moecianus compare les droits du père sur le *peculium castrense* de son fils à ceux qu'un interdit conserve sur son patrimoine (D., L. 18, § 2, *De cast. pec.*) : Le prodigue, qui a perdu l'administration de ses biens, peut bien acquérir, mais non aliéner : *Is cui bonis interdictum est, stipulando sibi acquirit, tradere vero non potest* (L. 6, *De verb. oblig.*).

Cette comparaison toutefois n'est pas absolument exacte, et les pouvoirs du père à un certain point de vue sont plus étendus que ceux d'un prodigue interdit.

En vertu de la règle d'après laquelle le pécule fait retour au père rétroactivement, si le fils prédécède sans avoir fait de testament, tout acte d'aliénation émané du père n'est pas nul. A cet égard, il faut faire une distinction. S'agit-il d'un acte de nature à emporter une aliénation immédiate, il est radicalement nul ; s'agit-il, au contraire, d'un acte dont l'effet ne doit se produire qu'ultérieurement, il pourra valoir si à cette époque le fils est mort *intestat*.

La loi 18, § 1, *De castr. pec.*, a fort clairement exprimé ce principe : «*Actus vero qui non statim quidem, sed postea (alienationem) efficere solent, eo tempore animadvertentur, quo habere effectum consueverunt : ut si sit filius, cui auferatur, nihil agatur ; si ante decesserit, actus patris non impediatur.*

Comme conséquence directe de cette règle, nous dirons que, si le pécule comprend un droit de propriété indivis, le père ne peut figurer valablement ni comme demandeur, ni comme défendeur dans l'action *communi dividundo*, ou dans l'action *familiæ erciscundæ*, les Romains considérant le partage comme une véritable aliénation.

Le payement qu'il voudrait faire avec une chose du

pécule ne le libérerait pas, car il n'a pu en transmettre la propriété (D., L. 98, § 3, *De solut.*).

Prenons pour dernier exemple l'affranchissement d'un esclave *peculiaris* par le père. L'affranchissement a-t-il lieu *per vindictam*, c'est-à-dire par un mode entre-vifs, il est nul, parce que l'aliénation serait actuelle ; a-t-il lieu, au contraire, par testament, il est valable si le fils prédé-cède *intestat* (L. 19, § 4, *De castr. pec.*). — Toutefois, cette décision soulève des objections que nous exami-nerons plus loin.

Etudions maintenant quels peuvent être les droits du père sur le *peculium castrense*, après la mort de son fils.

Quatre hypothèses peuvent se présenter :

1° Le fils n'a pas fait de testament ; 2° le fils a institué pour héritier un étranger qui refuse de faire adition ; 3° le fils a institué son père héritier ; 4° le fils a institué un étranger qui fait adition.

1° *Le fils n'a point fait de testament.* — Si le fils n'use pas de la faveur exceptionnelle, que les constitutions im-périales lui ont accordée de tester sur son *peculium cas-trense*, le père le reprend, non pas *jure hereditario*, mais *jure peculii*.

Il aura sur les biens qui le composent tous les droits d'un père de famille sur le pécule ordinaire de son fils, et ne pourra être soumis qu'aux obligations d'un *pater-familias*, qui a laissé à son fils un pécule. Au contraire, il n'aura aucun des droits et ne sera soumis à aucune des obligations d'un héritier. Nous verrons plus loin les con-séquences qu'il faut tirer de cette distinction.

Ce n'est pas, comme nous l'apprend Ulpien, une ac-quisition nouvelle pour le père ; les biens semblent plutôt lui avoir toujours appartenu : *Non nunc obvenisse patri, sed non esse ab eo profectum creditur ;* et il ajoute : *Dicebam... retro peculium patris bonis accessisse* (L. 9, *De pec. castr.*).

Nous avons dit plus haut que le père ne pouvait pas affranchir par un mode entre-vifs, par exemple *per vindictam,* un esclave du pécule, parce qu'un tel mode d'affranchissement avait un effet immédiat. Le peut-il par testament ? Tryphoninus le décide affirmativement (L. 19, § 3, *De castr. pec.*), mais ce n'est pas toutefois sans hésitation ; pour que l'affranchissement testamentaire soit valable, il faut que le testateur ait eu la propriété de l'esclave aux deux époques et de la confection du testament et de la mort (nous parlons d'un legs *per vindicationem*). Or au moment où le père a fait son testament, c'est le fils qui en était seul et unique propriétaire (il est impossible que la propriété d'une chose puisse appartenir à deux personnes *pro solido* et en même temps). Ce qui le prouve, c'est que si l'esclave avait été affranchi à la fois par le testament du père et par celui du fils, sans aucun doute, ce serait au fils que l'esclave devrait sa liberté ; le père n'étant donc pas propriétaire au moment où il a testé, le legs devrait être nul. Le jurisconsulte le maintient cependant, en se fondant sur le principe qui attribue rétroactivement au père le pécule : *Quod utatur jure concesso filius in castrensi peculio, eo usque jus patris cessat ; quod si intestatus decesserit filius, postliminii cujusdam similitudine, pater antiquo jure habet peculium, retroque videtur habuisse rerum dominia.*

2° Le fils a fait un testament dans lequel il instituait une autre personne que son père, mais l'héritier institué a répu-

dié. — Le testament est alors *destitutum*, les biens du pécule font retour au père, qui les recueille, non pas comme héritier, mais *jure pristino* en sa qualité de *pater-familias.* Toutefois, il s'est écoulé un certain temps entre la mort du fils et la répudiation de l'héritier institué ; dans cet intervalle, et jusqu'à ce que le sort du pécule soit fixé, quelles règles appliquerons-nous à la masse des biens laissés par le fils ? Devons-nous encore appliquer au droit du père le principe de rétroactivité, comme au cas où le fils est mort sans avoir fait de testament ?

Nous trouvons ici les traces d'une profonde dissidence qui s'était élevée entre les jurisconsultes romains ; afin de la mieux étudier, nous allons parcourir successivement différentes hypothèses. Prenons d'abord l'espèce prévue par la loi 18, au Dig. *De castr. peculio.* — Le père, du vivant de son fils, a légué la liberté directe à un esclave du pécule ; si le fils meurt sans avoir fait de testament, nous avons vu que le legs de liberté était valable, le père étant censé avoir toujours été propriétaire. Mais que déciderons-nous au cas où l'héritier institué a répudié ?

Tryphoninus reconnaît que la solution affirmative devient plus difficile : *non tam facile est dicere continuatum patri post mortem filii dominium.* Pendant le temps que l'héritier délibère, il y a comme une apparence d'hérédité : *Medium tempus, quo deliberant heredes instituti, imaginem successionis præstat.* — « Il serait d'ailleurs « absurde, ajoute ce jurisconsulte, d'admettre que le « père est censé propriétaire du *peculium castrense,* pen- « dant que l'héritier institué délibère. Si l'on admettait « un principe aussi extraordinaire, il faudrait ajouter « que, par l'adition de l'héritier institué, la propriété

« du pécule passe du père à cet héritier : or tout le monde
« admet que, pendant la délibération des héritiers
« inscrits, la propriété du patrimoine est en suspens ;
« l'adition a un effet rétroactif jusqu'au jour du décès
« du *de cujus*, et tout héritier qui fait adition est censé
« recevoir l'hérédité des mains du *de cujus* lui-même.
« Il est donc impossible de considérer jamais une héré-
« dité quelconque comme ayant appartenu à un tiers
« pendant la délibération des héritiers, et, par consé-
« quent, il est impossible de dire que la propriété du
« pécule appartient au père, tandis que l'héritier insti-
« tué délibère. »

N'admettant pas la rétroactivité des droits du père,
Tryphoninus ne peut admettre la validité du legs : *Non
est ratio respondendi, competere libertatem eo tempore
datam quo non fuit in dominio patris*. Il recule cependant
devant cette conséquence de ses principes, et valide
l'affranchissement par faveur pour la liberté, *favore
libertatis*. (L. 19, § 5).

Ulpien se prononce pour le principe de rétroactivité
avec beaucoup de netteté ; peu importe le motif pour
lequel le fils est mort *intestat*, qu'il n'ait pas fait de testament, ou que l'héritier institué n'ait pas fait adition.
Dans les deux cas, le père est censé n'avoir jamais cessé
d'être propriétaire du pécule « *retro dicitur peculium
castrense bonis paternis accessisse.* » Il suppose, dans la
loi 9, qu'un fils de famille meurt après avoir institué un
héritier. Pendant que cet héritier délibère, le père meurt
lui-même, puis l'héritier répudie. — A qui appartiendra le pécule ? Le jurisconsulte décide qu'il appartiendra
aux héritiers du père ; la succession de ce dernier se

trouve ainsi rétroactivement augmentée par la répudiation de l'héritier du fils.

Cette rétroactivité, ajoute-t-il, n'a rien d'extraordinaire ; le même résultat se produit dans d'autres cas : *nec est novum ut ex post facto aliquis successorem habuisse videatur.* Voici d'ailleurs cet exemple analogue qu'Ulpien nous annonce.

Un père de famille est fait prisonnier, et il a un fils qui meurt pendant la captivité de son père. Si le père revient ensuite, il aura sur les biens de son fils tous les droits d'un *paterfamilias :* il reprendra même le *peculium castrense* de son fils *jure peculii,* si nous supposons que ce fils est mort *intestat.* Si, au contraire, le père est mort chez l'ennemi, il sera considéré d'après la loi Cornelia comme mort depuis le jour où il a été fait prisonnier : son fils, d'après la fiction de cette même loi Cornelia, étant mort *sui juris,* aura un héritier légitime, et celui-ci recueillera tous les biens, même ceux acquis depuis la captivité du père ; le décès du père, en effet, rétroagira jusqu'au premier jour de sa captivité.

Cette décision avait soulevé des doutes au temps de Gaïus : quelques jurisconsultes prétendaient que les enfants ne devenaient *sui juris* qu'au décès du père ; mais l'opinion d'Ulpien, enseignée par Tryphoninus (D., L. 12 § 1, *De captivis*), par Julien (L. 22, § 2, *De capt.*), par Papinien (L. 15, *De suis et leg. her.*), avait définitivement triomphé ; Justinien la consacré dans ses Institutes (*Quib mod. jus potest. solv.*, L. 1, § 12, pr.).

Voyons maintenant quel sera le sort des acquisitions faites par l'esclave du péculé pendant que l'héritier institué délibère. Le père aura-t-il le bénéfice des stipulations faites par l'esclave du pécule pendant cet intervalle ?

Il s'agit de savoir *ex cujus persona stipulatio vires habeat*.

Ulpien, d'accord en cela avec Marcellus et Scævola, répond que, si l'héritier institué ne fait pas adition, tout doit se passer comme si l'esclave avait toujours appartenu au père : *Omnia ut in proprio patris servo spectanda*. Le père bénéficiera donc des acquisitions faites par l'esclave du pécule. En donnant cette décision, Ulpien reste fidèle à sa doctrine (L. 83, *De adquirendo rerum dominio*, D.). Mais tel n'était pas le sentiment de Papinien ; dans la loi 14, § 1, *De pec. castr.*, il nous dit, en effet : *Quod ad personam patris attinet, si forte peculium apud eum resederit nullius momenti videtur*. Ce jurisconsulte se refuse à reconnaître au père la propriété du pécule dans l'intervalle qui s'écoule entre la mort du fils et la répudiation : l'esclave se trouve donc avoir été sans maître au moment où il a stipulé, par conséquent, il n'a rien fait de valable : *Nullius momenti videtur cum in illo tempore non fuerit servus patris* (L. 14, § 1).

Pourtant, après une exposition de principes aussi nette, Papinien, dans la deuxième partie du § 1 de la loi 14, revient sur sa décision première, et se range à l'avis d'Ulpien : *Sed paterna verecundia nos movet quatenus et in illa specie, ubi jure pristino apud patrem peculium remanet, etiam adquisitio stipulationis, vel rei traditæ per servum fiat.*

Une pareille concession faite aux droits du père est vraiment étrange en présence du début de la loi ; aussi tous les commentateurs se réunissent-ils pour reconnaître que le passage que nous venons de citer n'est pas de Papinien, mais ils ne sont pas d'accord sur le point de savoir à qui il doit être attribué.

Selon Cujas et Pothier, cette phrase aurait été ajoutée par Ulpien dans le but de mettre d'accord la doctrine de Papinien avec la sienne.

Nous préférons l'explication que M. Pellat a donnée dans sa conférence de doctorat de 1860; notre savant professeur voit, dans cette phrase apocryphe, une interpolation des rédacteurs des Pandectes; c'est bien là, en effet, la langue du Bas-Empire et le style de Tribonien; *paterna verecundia* est une expression qu'on rencontre souvent dans les compilations de Justinien, mais qu'on chercherait vainement dans une loi extraite des œuvres d'Ulpien et de Papinien. — Le sens de *quatenus* est détourné de sa signification primitive; dans la latinité correcte et classique de l'époque de ces deux jurisconsultes, ce mot se traduit toujours par *après que;* ce n'est que plus tard, et au temps de la basse latinité, que ce mot a le sens de *à tel point que*, et se trouve employé comme synonyme de *ut.*

Papinien, qui refuse au père le bénéfice de la stipulation faite par l'esclave *peculiaris*, pendant que l'héritier délibère, lui attribue au contraire le bénéfice du legs fait à l'esclave dans les mêmes circonstances. Ce n'est pas, comme on pourrait le croire, un retour à l'opinion d'Ulpien. La différence des deux décisions témoigne de la fidélité de Papinien au principe qui lui a servi de point de départ.

L'efficacité de la stipulation, même conditionnelle, faite par un esclave, se détermine d'après l'époque où elle a lieu : *Ex præsenti vires accepit* (D., L. 36, *De stip. serv.*) *in stipulatione id tempus spectatur quo contrahimus* (D., L. 78, *De verb. oblig.*).—Au contraire, le legs fait à l'esclave peut se trouver en suspens, et son effet ne se réalise que lorsqu'il a un maître capable d'en profiter ici, à l'époque de la répudiation. C'est ainsi que le *dies cedit* du legs d'usufruit, fait à un *servus hereditarius*, est reculé jusqu'au jour de l'adition de l'hérédité, dont fait partie l'esclave (D., L. 1, § 2, *Quando dies ususfr.*), tandis que, la stipulation, que ferait le *servus hereditarius* d'un droit d'usufruit, serait complétement nulle, car il ne peut y avoir d'usufruit sans une personne capable d'en jouir réellement : or, au moment où la stipulation est faite, et où elle doit se fixer, il n'y a encore qu'une hérédité jacente (L. 26, *De stip. serv. et Vatic. fragm.*, § 55).

Appliquons maintenant la théorie d'Ulpien à la même espèce ; nous arriverons au même résultat, mais par une voie différente ; le père, étant censé n'avoir jamais perdu la propriété du pécule, aura le bénéfice du legs à partir du moment même où le legs a été laissé à l'esclave. On n'aura nullement à considérer l'instant où l'héritier institué par le fils de famille a répudié.

3° *Le fils a institué son père héritier.* — Les biens qui composent le *peculium castrense* forment alors une véritable hérédité : le père les recueille *jure hereditario*, et non plus *jure peculii*, comme au cas où le fils meurt *intestat.* De là plusieurs différences importantes que nous allons étudier :

Le père institué héritier doit faire adition ; s'il est incapable de manifester sa volonté, l'hérédité lui échappe ; vient-il au contraire par droit de pécule, peu importe ou non son acceptation : il n'en a pas besoin ; il acquiert la propriété des biens de son fils *ipso jure.*

Héritier, il a pour réclamer les *bona castrensia* une

action qui peut les embrasser tous, la *petitio hereditaa-tis;* tandis que lorsqu'il vient comme *paterfamilias*, il est obligé de les réclamer séparément par la *rei vindicatio* (D. L. 34, *De hered. pet.;* L. 56, *De rei vind.*).

Un objet du pécule a été soustrait, le père se présente-t-il *jure peculii*, la chose volée n'ayant pas cessé de lui appartenir, il peut intenter la *condictio furtiva*, et l'action *furti* (D. L. 33, *De adq. rer. dom.*). Se présente-t-il au contraire comme héritier, quel droit de propriété pourrait-il invoquer sur cette chose? L'objet, faisant partie d'une hérédité jacente, était *res nullius*. Pourtant avec le temps on regarda l'hérédité jacente comme une personne : l'héritier put exercer une *persecutio extraordinaria* (*crimen expilatæ hereditatis*). Mais jamais, même après cette concession faite à l'héritier, le père n'eut l'action *furti*, quand il ne pouvait invoquer que son titre d'héritier, *quoniam hereditati furtum non sit*.

Le père qui vient *jure peculii*, n'est tenu des dettes que *intra vires emolumenti;* il ne peut être poursuivi que pendant l'année utile (*intra annum utilem*), accordée aux créanciers par le préteur. S'il vient au contraire comme héritier il est tenu de toutes les dettes, il en est tenu civilement, et par conséquent la poursuite des créanciers n'est renfermée dans aucun délai (L. 17, *De cast. pec.*).

Il ne saurait être question de legs, quand le père recueille les biens *jure peculii;* s'il vient comme héritier, le fils a pu mettre des legs à sa charge. Quant à l'application de la Falcidie, il faut distinguer si le fils a testé *jure militari* ou bien *jure communi*. Dans le premier cas la falcidie ne s'applique pas, et le père devra acquitter, jusqu'à concurrence du pécule, les legs mis à sa charge, sans rien pouvoir retenir ; dans le second au contraire, il pourra retenir la quarte : *ratione falcidiæ retinebitur quarta* (L. 17, § 1, *De cast. pec.*).

Toutefois, il ne faudrait pas pousser trop loin l'application de ce principe que le *paterfamilias*, qui a repris le *peculium jure peculii*, ne peut avoir, relativement à ce pécule, d'autres obligations, ni d'autres droits que ceux d'un père de famille ; ainsi, il est arrivé quelquefois aux jurisconsultes romains, soit de donner au père de famille un droit qui semblait ne devoir appartenir qu'à un héritier, soit de soumettre ce père de famille aux obligations d'un héritier. Nous trouvons des applications de cette idée dans la loi 18, *Ad legem falcidiam*, au Digeste, et dans la loi 17, § 1, *De castr. pec.* La loi 18, *Ad legem falcidiam*, suppose qu'un fils de famille vétéran est mort *intestat*, mais, après avoir chargé son père de fidéicommis dans un codicille. On demande si ce père pourra garder la quarte falcidie, en vertu du sénatus-consulte pégasien.

Une première opinion soutenait qu'en pareil cas, le père ne pouvait garder la quarte falcidie. Le père n'est pas un héritier, disait-elle, et la loi falcidie n'a statué qu'en faveur des héritiers : *Falcidia competit tantum heredibus.* Mais Paul a repoussé cette première opinion. Le fils de famille, dit ce jurisconsulte, qui a chargé son père d'un fidéicommis, s'est conduit comme un *paterfamilias* à l'égard de son pécule, et l'on sait, d'ailleurs qu'il en avait le droit. Si le fils de famille doit être considéré comme un *paterfamilias*, s'il est propriétaire de son pécule, ce pécule lui-même doit être considéré, après la mort du fils, comme une sorte d'hérédité. Par conséquent le père, chargé par son fils d'exécuter un fidéicommis, pourra prélever la quarte falcidie sur les *bona castrensia*.

La loi 17, § 1, *De castr. pec.*, nous offre un autre cas dans lequel le pécule est traité comme une sorte d'hérédité, bien que le fils soit mort *intestat*. Supposons que le fils de famille ait institué son père héritier de son *peculium castrense*, ce père répudie l'hérédité, afin de ne pas acquitter les legs dont il est chargé par le testament de son fils, et de reprendre le pécule *jure peculii*. Il y a là une sorte de fraude, que Papinien n'a pas voulu protéger. Malgré la répudiation du père, il le considère comme un héritier contre lequel les légataires peuvent intenter l'action *ex testamento*. Le père se trouvera sous le coup de l'édit du préteur : *Si quis, omissa causa testamenti, ab intestato vel alio modo possideat hereditatem,* édit qui a précisément pour but de déjouer les calculs frauduleux (D. L. 1, *Si quis omissa*). — Toutefois, si la répudiation du père avait pour cause l'insolvabilité du pécule, on ne peut lui reprocher aucun dol, et l'édit serait inapplicable. Il ne pourrait, par conséquent, être poursuivi que par l'action *De peculio,* c'est-à-dire *intra vires peculii,* et *intrà annum utilem.*

Il nous reste encore, pour terminer cette matière, à étudier l'espèce prévue par la loi 20, D. *De pec. castr.* Le legs de liberté, que le père aurait fait du vivant de son fils à l'esclave du pécule, sera-t-il valable à la mort du père, lorsque ce dernier, institué héritier par son fils, a recueilli *jure hereditario* les biens de ce pécule? Il est impossible de dire ici, comme dans le cas où le fils est mort *intestat,* que le père recouvre rétroactivement la propriété du pécule; c'est le testament seul qui la lui donne; l'affranchissement émanant donc, au moment où il a été fait, d'un *non dominus*, doit être nul. Telle estla conséquence rigoureuse des principes. Paul la repousse cependant et valide le legs : du reste, il est obligé de reconnaître que c'est là un tempérament d'équité, une disposition toute de faveur.

4° *Le fils a institué pour héritier un étranger qui fait adition.*

Le père n'a aucun droit sur les valeurs du pécule ; aucune réserve n'existe au profit du père « *ex nota Marcelli constat, nec patribus aliquid ex castrensibus bonis filiorum deberi.* » (Loi 10, *De castr. pec.*)

Le père n'a jamais eu aucun droit de propriété sur les biens du pécule ; les actes d'aliénation, qu'il aurait pu faire, sont nuls sans aucune distinction.

L'adition ayant un effet rétroactif au jour de la mort du fils, les stipulations faites par l'esclave du pécule, dans l'intervalle de la mort de son maître au jour de l'adition, sont acquises à l'institué ; le pécule étant assimilé, pendant qu'il délibère, à une hérédité jacente : *Medium tempus quo deliberant instituti heredes imaginem successionis prestat.* (Loi 19, § 5, *De pec. castr.*)

Le principe *hereditas nondum adita defuncti personam sustinet* s'y applique ; l'esclave, empruntant la capacité de son maître a donc pu valablement faire des stipulations. Telle était la décision donnée par Ulpien (D. loi 23, *De adq. rer. dom.*).

Papinien (loi 18, *De Stipul. serv.*) paraît d'un avis contraire ; il s'agit, dans l'espèce, d'un esclave commun à Mævius et à un *peculium castrense*, dont le maître est mort. Cet esclave stipule pendant que l'héritier institué par le fils délibère sur le parti qu'il doit suivre. Le jurisconsulte décide que le bénéfice de cette stipulation sera tout entier acquis áu copropriétaire Mævius.

Il se refuse à voir dans le pécule une hérédité jacente. Le privilége accordé au fils par les constitutions impériales consiste seulement, dit-il, en ce qu'il peut tester, et il ne produit pas d'effet, tant que le testament n'a pas été confirmé par l'adition. Il est vrai que nous avons, dans notre titre *De castrense peculio*, un texte tiré comme la loi que nous venons de citer du livre XXVII de ses *Quæstiones*, qui contient une décision tout opposée : c'est la loi 14, § 1. Mais ce fragment, dans lequel nous avons déjà constaté une interpolation, doit avoir été remanié également sur ce point; on aura voulu le mettre d'accord avec la théorie d'Ulpien, qui avait définitivement triomphé.

APPENDICE.

Justinien, dans ses Institutes, modifia le système que nous venons d'exposer sur la transmission *ab intestat* du *peculium castrense*. — Le pécule fut dévolu d'abord aux descendants du fils de famille; à défaut de descendants, à ses frères et sœurs; enfin, à défaut de ceux-ci, au père. Le père obtient dans ce cas le pécule *jure communi : Si intestati decesserint, nullis liberis vel fratribus superstitibus, ad parentes eorum jure communi pertinebit.*

Que faut-il entendre par ces mots *jure communi?*

Cette expression signifie-t-elle que le pécule est dévolu au père, *jure hereditatis,* ou bien qu'il lui fait retour à titre de pécule, *jure peculii?*

La question est indécise et controversée ; quant à son importance, nous l'avons démontrée en étudiant les différences de situation du père de famille suivant qu'il recueille les biens du pécule *jure peculii,* ou *jure hereditatis.* — Nous avons cependant encore à signaler une conséquence intéressante de cette question. — Supposons que le fils de famille défunt fût avec son père sous la puissance paternelle de son aïeul; s'il s'agit d'un droit de succession, les *bona castrensia* seront dévolus au père, et formeront pour lui un pécule *adventice.* — Si au contraire le père les reprend *jure peculii,* ces mêmes biens seront recueillis directement et en pleine propriété par l'aïeul.

Dans une première opinion soutenue par MM. Demangeat et Du Caurroy, les mots *jure communi* sont synonymes des mots *jure successionis*. Comprendrait-on, disent ces auteurs, que le père, exerçant le droit de retour résultant de la *patria potestas*, ne primât pas tous les autres parents, comme il le faisait autrefois. Justinien, qui reconnaît pour le *peculium castrense* une hérédité légitime, et adopte le système déjà existant pour le pécule *adventice*, (où le père ne vient certainement que *jure hereditario*) se serait-il arrêté dans cette réforme pour conserver un débris d'ancien droit qui ne se rattache plus à rien dans la législation nouvelle ?

Ce système a quelque chose de séduisant ; nous n'osons cependant nous y ranger ; nous préférons la seconde interprétation (*jure peculii*), présentée autrefois par Cujas, et soutenue de nos jours par M. Ortolan.—N'est-ce pas là le droit commun plutôt que l'ordre successoral exceptionnel établi sur les biens *adventices*.. Cette opinion, d'ailleurs, s'appuie sur un texte formel de Théophile, l'un des rédacteurs des *Institutes*, dans sa paraphrase.

Quoi qu'il en soit, la novelle 118, postérieure de dix ans seulement aux *Institutes*, fit disparaître tout l'intérêt de cette controverse ; dans le nouvel ordre successoral qu'elle établit, le père est considéré comme un héritier ordinaire ; il vient à défaut de descendants et exclut tous les collatéraux, sauf les frères et sœurs germains, avec lesquels il concourt.

Pécule Quasi-Castrense.

Comme nous l'avons vu, l'ancien droit romain ne permettait pas que les fils de famille eussent la propriété d'un bien quelconque : une première brèche fut faite à ce principe rigoureux, par l'introduction du pécule *castrense*.

On ne s'en tint pas longtemps à cette première réforme ; à l'imitation du pécule *castrense*, nous voyons s'établir le pécule *quasi-castrense;* souvent mentionné au Digeste, notamment dans un texte attribué à Ulpien (L. 7, § 6, *De donat.*). Il ne paraît pas remonter au delà de Constantin, qui décide que les acquisitions faites par les fils de famille *palatini principis,* à l'occasion de leurs fonctions, formeront pour eux un *pecultum quasi-castrense.* Constantin appuie longuement sur les raisons qui justifient une innovation aussi considérable: *Quid enim tam ex castris est, quam quod nobis consciis, ac prope sub conspectibus nostris acquiritur ? Sed nec alieni sunt a pulvere, et labore castrorum, qui signa nostra comitantur, qui præsto sunt semper actibus : quos intentos, et eruditos studiis, itinerum prolixitas, et expeditionum difficultas, exercet* (Code L. 12, titre 31).

Le bénéfice de la constitution de Constantin fut étendu par ses successeurs à un grand nombre de fonctions ou de professions.

Théodose et Valentinien l'étendent aux officiers du prétoire (*Scriniarii, exceptores,* etc.) (C. livre 12, t. 87, Loi 6).

Hieronymus l'étend aux administrateurs des pro-

vinces; — Théodose aux avocats (Loi 8, Cod. *De advo-
catis diversorum judiciorum*) ; — Léon et Anthémius aux
évêques et aux clercs (Loi 84, Cod. *De episcopis*).

Ces derniers reconnurent aux évêques, aux *presbyteri*,
aux *diaconi*, la propriété non-seulement des acquisitions résultant de leurs fonctions, mais encore de toutes
celles qu'ils pourraient faire, quelle que fût leur origine ;
ils allèrent jusqu'à leur concéder sur ce pécule ainsi
élargi le droit de tester, refusé alors à presque tous les
autres fonctionnaires. Enfin, Justinien donna au pécule
quasi-castrense une très-grande extension en l'accordant
aux médecins du prince, aux professeurs d'arts libéraux,
à tous ceux qui reçoivent des dons de l'empereur ou de
l'impératrice, ou qui sont rétribués par l'État : *Qui sala-
ria vel stipendia percipiunt publica* (Cod., L. 57, *De bonis
quæ lib.*). — Le droit de tester, sur le péculo *quasi-
castrense*, n'avait été concédé primitivement qu'à certains fonctionnaires supérieurs; Justinien l'accorda à
tous sans exception, leur testament restant d'ailleurs
soumis aux formes ordinaires et ne jouissant pas des
prérogatives spéciales du testament militaire. Toutefois,
il n'est pas exposé à la plainte d'inofficiosité, pourvu
que le disposant meure avant d'être devenu *sui juris :*
autrement, il ne pourrait plus être question de pécule,
ni de ce privilége exceptionnel qui y a été attaché (Code
187, *De inoff. testam*).

Nous avons attribué à Constantin l'introduction du
pécule *quasi-castrense*, nous devons dire que quelques
auteurs prétendent que ce pécule existait bien avant cet
empereur. Plusieurs textes du Digeste semblent favo-
rables à cette opinion en faisant mention du pécule

comme s'il existait déjà au temps de la jurisprudence classique. Nous pensons que ces textes ont été interpolés par Tribonien. Ce qui le prouve, c'est que Paul, dans ses sentences, et Ulpien, dans ses règles, ne disent pas un seul mot du pécule *quasi-castrense*. On ne peut pas supposer que, d'un commun accord, ces deux jurisconsultes aient passé sous silence une dérogation de cette importance, si elle avait existé au temps où ils écrivaient. Nous pouvons ajouter que la constitution de Constantin semble bien créer une faveur toute nouvelle, et non pas seulement étendre un privilége déjà reconnu et admis.

DROIT FRANÇAIS.

— ◦◦◦◦◦ —

TITRE PRÉLIMINAIRE.

Les développements de la civilisation, la facilité des communications, l'extension des rapports commerciaux, multiplient nécessairement les déplacements et les établissements des Français à l'étranger. En face de ce mouvement, qui chaque jour se caractérise davantage, il nous a paru intéressant de rechercher la situation faite par nos lois aux Français voyageant ou résidant à l'étranger ; d'étudier les conditions dans lesquelles ils se trouvent placés par rapport au testament, au mariage, au régime matrimonial des époux mariés sans contrat, à la capacité de la femme mariée, à la puissance paternelle, et de déterminer les circonstances diverses qui pourront leur faire perdre leur nationalité.

Deux grandes règles dominent cette matière ; la première c'est que les lois personnelles suivent le Français en pays étranger, la seconde que la forme des actes est régie par la loi du lieu dans lequel ils ont été passés, rédigés ; nous commencerons cette étude en disant quelques mots de chacune d'elles.

1° Les lois concernant l'état et la capacité des personnes régissent les Français, même résidant en pays étranger (art. 3, C. Nap.).

Cette règle, comme le disait M. Portalis dans l'exposé des motifs, sert de sanction à nos lois ; elles seraient en effet inefficaces, si les nationaux pouvaient s'y soustraire en allant faire à l'étranger ce qu'il n'est pas permis de faire en France ; rien n'est plus nécessaire à la dignité des lois, au bon ordre du pays. Ces lois suivent le Français partout, nulle part il ne peut se soustraire à leur empire, tant qu'il conserve la qualité de Français ; elles voyagent avec lui, ne le quittent nulle part. « Post equitem sedet, personam sequitur sicut umbra, sicut cicatrix in corpore, » disent les anciens auteurs.

Le Français ne pourra donc pas, en pays étranger, passer valablement, aux yeux de la loi française, les actes qu'il serait incapable de passer en France, alors même que, d'après la législation du pays où il se trouverait, il jouirait de la capacité requise. De même le mariage contracté en pays étranger par un Français, qui ne posséderait pas les conditions de capacité exigées par la loi française, serait nul en France, bien qu'il fût valable par-devant la loi étrangère.

Il résulté d'autre part du principe qui vient d'être posé, que le Français ne peut, en aucun cas, se prévaloir en France des dispositions d'une loi étrangère pour contester, sous le rapport de sa capacité, la validité des actes passés à l'étranger.

Les lois personnelles sont celles qui règlent l'état et la capacité des personnes, c'est-à-dire qui déterminent leur condition, leur manière d'être dans la société, le rôle qu'elles y doivent jouer, et la manière de le remplir. Telles sont les lois sur la nationalité, le mariage, la filiation, la majorité, etc.

Les lois réelles sont celles qui s'occupent des biens; telles sont celles qui déterminent les différents droits dont les biens peuvent être l'objet; les lois qui divisent les biens en meubles, ou en immeubles, etc.

Mais comme les lois ne disposent ordinairement sur les personnes que relativement aux choses, en leur permettant, ou en leur défendant de faire et de contracter, et qu'elles ne disposent sur les choses que dans leurs rapports avec les personnes qui les possèdent, les acquièrent, ou les transmettent, il en résulte que les lois ne sont jamais purement personnelles ni purement réelles, et qu'il est quelquefois assez difficile de reconnaître si elles forment un statut personnel ou un statut réel.

Nos anciens auteurs depuis d'Argentré avaient tranché la difficulté en reconnaissant une troisième classe de lois, ou statuts; *les statuts mixtes :* Statutum personale personam respicit, reale res certe territorii, mixtum utrasque. Boullenois adopte la même opinion : « ou, dit-il, le statut dispose simplement des personnes, ou il dispose simplement des choses, ou il dispose à la fois des personnes et des choses. »

Cette distinction en trois statuts n'a pas prévalu, le Code ne reconnaît pas de statuts mixtes.

Que faut-il donc faire pour distinguer les lois personnelles des lois réelles? Il faut s'attacher à l'objet immédiat, direct, principal de la loi, et ne pas en considérer les conséquences ultérieures. Si l'objet principal, direct, immédiat de la loi est de régler l'état de la personne, le statut est personnel : les effets par rapport aux biens ne sont plus que les conséquences éloignées de la personnalité. Au contraire si l'objet principal, direct de la loi est de régler la qualité, la nature des biens, la manière d'en disposer, le statut est réel, les effets, par rapport aux personnes ne sont plus que des conséquences éloignées de la réalité (*Répert. de la jurisp.*, v° *Autorisat. maritale*, sect. 10, v° 2. V° *Puissance paternelle*, sect. 7, p. 425). — Faisons quelques applications de ces principes; la loi sur les successions immobilières est-elle réelle, ou personnelle? — Nous répondrons sans hésiter qu'elle est réelle. Car ce sont les biens eux-mêmes, leur dévolution, qui sont l'objet dominant de la loi, le but final qu'elle se propose; il faut en dire autant par conséquent des lois sur la réserve, sur la quotité disponible.

La jouissance légale, que le père reçoit sur les biens de son enfant mineur de dix-huit ans, appartient, selon nous, au statut personnel, parce que cette disposition, quoiqu'elle soit relative aux biens, n'est que la disposition accessoire d'une loi qui a directement et principalement pour l'objet l'état des personnes.

2° *Règle concernant la forme des actes.* — Les auteurs

distinguent en général quatre sortes de formalités, qu'ils appellent formalités habilitantes, intrinsèques, extrinsèques ou probantes, et formalités d'exécution (Boullenois t. 1, p. 369 et suiv. ; t. 2, p. 60. — Merlin, *Répert.*, v° *Loi*, § 7.)

1° *Les formalités habilitantes* sont celles qui permettent de faire certains actes aux personnes qui en sont incapables par état. Telles sont pour la femme l'autorisation maritale. Ces formalités, n'étant qu'une modification de l'incapacité, elles dépendent évidemment de la loi personnelle de la partie à laquelle elles sont nécessaires.

2° *Les formalités intrinsèques* déterminent les conditions et les effets des différents actes ou contrats. En général, c'est la loi du lieu où l'acte est passé, qui est ici applicable ; les parties étant présumées lorsqu'elles ne s'en expliquent pas autrement, adopter les lois et usages qui régissent les conventions dans le pays où elles contractent (Merlin, *Répert.*, v° *Preuve*, sect. 2, § 3), toutefois ce n'est là qu'une règle d'interprétation susceptible de varier suivant les circonstances.

3° *Les formalités extrinsèques ou probantes* ont pour objet de constater, soit l'accomplissement des autres formalités habilitantes, ou intrinsèques, soit ce qui a été fait par suite du concours des unes et des autres. Telles sont les signatures des parties, des témoins, de l'officier public, etc. Cette troisième espèce de formalités constitue la forme extérieure ou instrumentaire de l'acte.

C'est là que s'applique la maxime *locus regit actum*.

C'est un principe généralement admis aujourd'hui par l'usage des nations, que la forme extérieure des actes est réglée par la loi du lieu où ils ont été passés, c'est-à-dire que pour la validité de tout acte, il suffit d'observer les formalités prescrites par les lois du lieu où cet acte a été dressé.

Notre Code fait lui-même l'application de cette règle dans les art. 47, 170, 999. Elle fut même, dans le projet du gouvernement, consacrée par un article formel ; cet article, il est vrai, ne fut pas maintenu ; mais, comme le fait observer Merlin (*Répert.*, v° Loi § 6) « le conseil d'Etat, tout en retranchant cette disposition n'a pas laissé de la considérer comme énonçant, réduite à son véritable et seul objet, à la forme extrinsèque des actes, une de ces maximes tellement notoires, qu'elles n'ont pas besoin de la sanction expresse du législateur, lequel en a lui-même appliqué les conséquences dans les art. 47 et 999. »

Son utilité est manifeste ; les officiers publics auxquels on est obligé de s'adresser, pour faire certains actes, ne peuvent instrumenter que selon les solennités prescrites par la nation qui les a institués ; c'eût donc été en fait défendre aux Français de passer des actes à l'étranger, de s'y marier par exemple, que leur imposer l'obligation d'y suivre, pour les faire valablement, des formes qui n'y peuvent pas être remplies.

Elle s'applique à tous les actes licites de l'homme, conventionnels ou autres. Ainsi elle régit les actes de l'état civil, les actes de célébration de mariage, toutes les conventions à titre onéreux, les testaments, les donations, etc.

Nous arrivons maintenant à une question qui soulève des difficultés sérieuses ; nous savons qu'il existe en France certains actes tels que le contrat de mariage, les donations qui ne peuvent être faits que dans la forme authentique, c'est-à-dire devant un officier public et avec certaines solennités, en l'absence desquelles ils sont nuls. Dans certains pays, au contraire, les mêmes actes peuvent être valablement faits dans la forme sous seing privé. Supposons-les donc passés en cette forme par un Français qui y réside, seront-ils valables en France?

Selon M. Duranton, ceux des actes pour la validité desquels la loi française exige la rédaction d'un acte authentique, tels, par exemple, que les reconnaissances d'enfants naturels, les donations, les contrats de mariage, ne pourraient être valablement faits en pays étranger que dans la forme authentique, lors même que la loi étrangère n'exigerait pas cette solennité, et se contenterait d'un acte sous seing privé. La maxime *lôcus regit actum* est, dit-il, fondée sur la nécessité des choses; elle n'a pas d'application en dehors de cette nécessité; un officier public ne pouvant acter que selon les formes prescrites par le pouvoir qui l'a constitué, la loi française n'a pas pu exiger, c'eût été demander l'impossible, que les Français qui sont dans la nécessité de s'adresser à un officier public étranger procédassent selon les formes françaises. Mais lorsqu'elle exige, pour la validité d'un acte, qu'il soit fait devant un officier public, le Français qui le fait à l'étranger doit remplir cette condition; il le doit parce qu'il le peut.

Ces considérations ne nous paraissent cependant pas décisives. D'abord il n'existe pas, en tout pays, des officiers publics chargés de recevoir ou de dresser les actes auxquels les parties veulent ou doivent donner le caractère de l'authenticité.

De plus il serait possible que les officiers publics institués à cet effet dans le pays où se trouve le Français, lui refusassent leur ministère, à raison de sa qualité d'étranger. Enfin, en ce qui concerne les actes passés à l'étranger, entre un Français et un étranger, l'application de la règle *locus regit actum*, n'est pas seulement fondée sur la nécessité, mais aussi sur la bonne foi, sur l'équité, sur l'intérêt public, qui commandent le maintien des contrats loyalement faits, suivant la forme du pays où ils ont eu lieu.

La Cour de Paris, par deux arrêts différents, a maintenu des contrats de mariage, avec les donations qu'ils renfermaient, rédigés par acte sous seing privé, à Londres et à Munich, par des Français, qui y étaient réfugiés (Paris, 11 mai 1816, Bertin *C.* Hayr. Sirey, 18. 2. 10; Paris, 22 nov. 1828, Roquelaure *C.* Bonneuil. Sirey, 29. 2. 77).

Sans doute, il peut y avoir des inconvénients à permettre à un Français, par exemple, la reconnaissance d'un enfant naturel par acte sous seing privé. Mais nous croyons qu'on les a exagérés. La règle *locus regit actum* ne protège que les actes faits de bonne foi, si donc des Français s'étaient rendus en pays étranger, uniquement dans le but de s'affranchir de l'observation des formalités prescrites par la loi de leur patrie, les actes qu'ils y auraient passés, pourraient être déclarés nuls en France.

D'un autre côté, lorsqu'il s'agit d'actes à l'égard desquels la loi française exige l'authenticité, comme garantie de l'entière liberté de l'une des parties, tels, par exemple, que les reconnaissances d'enfants naturels, le juge français pourrait facilement accueillir des de-

mandes en nullité, pour cause de surprise, de sugges-
tion ou d'erreur, dirigées contre des actes passés à
l'étranger sans l'accomplissement des formalités exigées
par la loi française (Zachariæ, t. 4, p. 101).

Les formalités usitées en pays étranger ne suffiraient
pas, s'il s'agissait d'un acte soumis par la loi française,
à des conditions, qui ne pourraient être efficacement
accomplies qu'en France. Ainsi la donation entre-vifs
d'un immeuble situé en France sera soumise à la formalité de la transcription (art. 939), lors même que la
loi étrangère ne l'exigerait pas. Cette formalité constitue, en effet, une disposition accessoire du statut réel,
qui régit tous les immeubles français sans distinction.

DES MARIAGES CONTRACTÉS EN PAYS ÉTRANGERS.

Un jurisconsulte moderne a défini le mariage « le contrat solennel par lequel deux personnes de sexe différent se promettent mutuellement la fidélité dans l'amour, la communion dans le bonheur, l'assistance dans l'infortune. » La faculté de se marier appartient donc trop essentiellement au droit naturel pour être circonscrite par le territoire ; aussi les Français peuvent-ils se marier à l'étranger tout aussi valablement qu'en France.

Dans notre ancien droit il était permis aux Français de se marier en pays étranger, mais ils ne pouvaient user de cette faculté sans l'autorisation expresse du roi. Une déclaration du 16 juin 1685 défendait expressément à tous les Français, « de quelques qualité et condition qu'ils fussent de marier à l'avenir leurs enfants, garçons ou filles, hors du royaume, sans la permission expresse du roi, à peine d'être déclarés atteints et convaincus du crime d'infidélité envers l'État, et de confiscation de corps ou de biens, et où la confiscation n'aurait pas lieu, de 24,000 livres d'amende, contre les père et mère, s'ils étaient vivants, sinon contre les tuteurs, etc. »

Une ordonnance de 1724 vint renouveller les mêmes défenses ; les peines édictées contre les contrevenants sont toujours aussi rigoureuses : galères à perpétuité à l'égard des hommes, bannissement perpétuel pour les femmes, confiscation des biens.

Une autre déclaration du 23 novembre 1697 défendait d'aller contracter mariage dans la principauté d'Orange, sous peine de mort.

Ces lois étaient spécialement dirigées contre les protestants, qui allaient à l'étranger faire consacrer leur mariage par les ministres de leur culte. Jousse (*Justice criminelle*) nous apprend que ces lois barbares ne s'exécutaient point à la rigueur.

Le Code civil n'a pas renouvelé cette défense, qui avait déjà cessé d'exister sous l'empire de la loi du 20 septembre 1792 (Cass. 16 juin 1829, Cotty de Brécourt ; Sirey, 1829. 1. 261). Les Français peuvent donc se marier en pays étranger, soit entre eux, soit avec des étrangers, sans aucune autorisation préalable.

Nous avons cependant une exception à faire pour les Français établis dans le Levant ; ils ne peuvent contracter mariage qu'après en avoir obtenu la permission de l'empereur ; ils la sollicitent auprès du ministre des affaires étrangères, par l'intermédiaire des agents diplomatiques ou consulaires. On s'est demandé si cette disposition de l'ordonnance de 1781 n'était pas abrogée par l'art. 170 du Code Napoléon. Le conseil d'État, consulté à cet égard, a été d'avis que cette disposition n'appartenant pas au droit civil, mais au droit public, et se rattachant à des intérêts diplomatiques, n'avait pas été abrogée par le Code ; qu'au surplus, comme elle n'établissait aucun empêchement civil aux mariages autorisées par l'art. 170, elle n'avait, ni en fait ni en droit, rien d'inconciliable avec ce même article (circulaire des affaires étrangères du 19 juillet 1826).

Sauf cette exception, aujourd'hui tout Français peut se marier en pays étranger, sans permission ni autorisation de l'empereur. Il ne fallait pas toutefois favoriser des fraudes et des abus qui pourraient devenir fort graves, ni faciliter les moyens de se soustraire aux obligations que nos lois imposent ; c'est pourquoi le législateur a soumis l'exercice de cette faculté à certaines conditions de capacité et de formes, que nous allons successivement parcourir.

Dans une première section, nous étudierons les qualités et conditions requises pour pouvoir contracter mariage en pays étranger;

Dans une seconde section, les formalités relatives à la célébration du mariage.

SECTION I.

Des qualités et conditions requises pour pouvoir contracter mariage.

Les qualités et conditions requises pour pouvoir contracter mariage appartiennent, sans aucun doute, au statut personnel ; par suite le mariage contracté en pays étranger par un Français n'est valable qu'autant que ce dernier n'a pas contrevenu aux dispositions des art. 144 à 164 du Code civil ; c'est ce que porte l'art. 170 du même Code. Ainsi il n'est point permis aux Français de se marier à l'étranger avant dix-huit ans, ou quinze ans révolus (art. 144), alors même qu'ils se trouvent dans un pays où le mariage peut avoir lieu avant cet âge; ni d'avoir deux femmes, quoiqu'ils se marient dans un pays où la polygamie est permise. Ils doivent avoir obtenu le consentement de leurs parents dans les cas où la loi française l'exige, lors même qu'ils se marient dans un pays où ce consentement n'est pas nécessaire, dans un pays, par exemple, où les canons du concile de Trente sont en vigueur (sect. XXIV, cap. I, *De reformat. matrimonio*); de même il faut qu'ils ne soient pas parents ou alliés au degré prohibé du futur conjoint.

Dans ce dernier cas les dispenses doivent-elles être accordées par l'empereur des Français ou par le souverain du lieu où le mariage a été célébré ? Il nous paraît évident qu'elles doivent être accordées par l'empereur, et nous ne distinguons même pas si la qualité de Français appartient aux deux futurs époux, ou seulement à l'un d'eux. La maxime *locus regit actum* est ici tout à fait inapplicable, le statut personnel de chacun des deux futurs époux doit seul être pris en considération.

Remarquons que le Français doit réunir non-seulement les conditions et qualités dont l'inobservation est, en France, sanctionnée par la nullité du mariage, mais encore celles dont l'inobservation ne constitue qu'un simple empêchement prohibitif. C'est ainsi qu'ils doivent, alors même qu'ils se marient dans un pays où cet usage n'est pas obligatoire, demander par des actes respectueux le *conseil* de leurs ascendants, dans les cas où la loi française l'exige.

Il est très-certain que les empêchements qui seraient

dirimants contre le mariage du Français en France, le seront également contre un mariage célébré en pays étranger. Mais faut-il aller plus loin et dire que certains empêchements qui ne seraient en France que prohibitifs, tels que le défaut de publications ou d'actes respectueux, deviendront eux-mêmes dirimants si le mariage a été célébré en pays étranger. C'est une question que nous étudierons plus loin.

Ce n'est, du reste, qu'aux Français qu'est imposée l'obligation de ne point contrevenir aux dispositions de notre Code touchant les qualités et conditions requises pour pouvoir se marier. Quant aux étrangers qui s'unissent à des Français, leur capacité est réglée par les lois de leur pays ; — ce principe, qui se trouve consacré par l'art. 3 du Code Napoléon, et la disposition finale de l'art. 170, a été proclamé par M. Tronchet dans la séance du conseil d'État du 6 vendémiaire de l'an X. « Un Français, dit-il, demeure soumis aux lois de son « pays par rapport au mariage, mais ces lois ne s'éten- « dent pas à l'étrangère qu'il épouse ; il lui est donc « permis de prendre une fille à qui les lois de son pays, « où il se trouve, donnent la capacité de se marier. » (Locré, t. III, p. 213.)

Si ces lois lui permettent de se marier à douze, treize ou quatorze ans, elle peut à cet âge épouser valablement un Français, quoique une Française ne puisse nulle part se marier avant d'avoir accompli sa quinzième année. En Espagne, par exemple, une fille de douze ans peut contracter avec un Français de dix-huit ans, un mariage qui sera valable en France ; par suite du même principe, en Hollande, où la loi exige seize ans pour la femme, dans la Hesse, où l'âge requis est de vingt et un ans, une fille du pays, quoique âgée de quinze ans révolus, ne pourrait valablement épouser un Français.

Il nous reste à examiner une question toute spéciale, et que la différence des législations en matière de divorce rend fort intéressante. Nous avons à nous demander quelle serait la valeur du mariage contracté par un Français avec une femme étrangère, une Anglaise par exemple, divorcée conformément aux lois de son pays. Nous croyons que ce mariage doit être tenu pour bon et valable par la loi française ; cette femme en effet, au moment de son second mariage, n'était plus mariée ; son premier mariage avait été dissous par la sentence du tribunal compétent ; elle se trouvait libre de tout engagement préexistant.

On nous objecte que la loi française ne reconnaît plus dans le divorce un mode légal de dissolution du mariage. Nous répondrons que ce n'est plus la loi française qu'il faut consulter ici ; comme nous l'avons dit plus haut, la capacité ou l'incapacité du conjoint étranger doit être réglée par sa loi personnelle, et dans l'espèce qui nous occupe, la loi anglaise, qui forme le statut personnel du conjoint étranger, considère son mariage comme valablement dissous par le divorce. Pour tout ce qui touche à l'État, à la capacité, les lois françaises doivent reconnaître ce qui est légalement fait en Angleterre.

Ce sont là des jugements constitutifs de l'état des personnes qui doivent avoir en France le même effet que la loi personnelle, en vertu de laquelle ils ont été rendus (Demol. I, n° 103 ; Aubry et Rau sur Zachariæ, p. 85, 3ᵉ édition; Merlin, *Répert.*, vᵒ *Question d'Etat*).

On nous objecte la loi de 1816 abolitive du divorce. Personne ne le conteste ; sans doute la loi de 1816 est d'ordre public, mais que déclare-t-elle d'ordre public ? l'abolition du divorce en France. Ainsi le Français marié, à qui la loi française interdit le divorce, ne pourrait pas aller demander et faire prononcer ce divorce dans un pays où il est permis. Aux yeux de la loi française, il serait toujours considéré comme marié, et s'il contractait un nouveau mariage du vivant de son conjoint, il se rendrait coupable de bigamie et tomberait sous le coup de l'art. 340 du Code pénal.

Mais cette loi de 1816 défend-elle au Français d'épouser une femme étrangère légalement divorcée? Nous ne trouvons dans la loi aucune prohibition pareille; bien loin de là, elle n'a pas même eu l'idée, en abrogeant le divorce, d'établir une défense de se remarier aux Français déjà divorcés.

Si le législateur n'a pas prononcé la nullité d'une pareille union, les tribunaux ne peuvent pas la suppléer; pour prononcer la nullité il faudrait un texte formel, et ce texte n'existe pas (Nancy, 30 mai 1826, Sirey, 26. 2, 251). — Voy. aussi Paris, 30 août 1824, Sirey, 25. 2. 203 ; Paris, 28 mars 1843, Sirey, 43. 2. 566. Ces deux arrêts, qui ont rejeté les demandes formées contre l'officier de l'état civil aux fins de le faire condamner à procéder au mariage d'un étranger divorcé avec une Française, ne sont pas contraires à notre proposition.

Voyez enfin l'arrêt de la Cour de cassation de 1860, rendu sur les conclusions conformes de M. l'avocat général Dupin (Sirey, 1860. 1. 210).

SECTION II.

Des formalités relatives à la célébration du mariage.

En ce qui concerne la compétence de l'officier public, les formes extrinsèques et le mode de preuve, les maria-ges, soit entre Français, soit entre Français et étrangers, peuvent être valablement célébrés suivant les formes usi-tées dans le pays, d'après la règle *locus regit actum* (art. 170). Quant aux mariages entre Français, ils pour-ront aussi être célébrés conformément aux lois fran-çaises par les agents diplomatiques ou les consuls (art. 48).

Nous examinerons successivement chacun de ces deux modes de célébration.

1° Art. 170. — «Le mariage contracté en pays étran-ger, entre Français; et entre Français et étrangers sera valable s'il a été célébré dans les formes usitées dans le pays, pourvu qu'il ait été précédé des publications pres-crites par l'art. 63, au titre des actes de l'état civil, et que le Français n'ait point contrevenu aux dispositions contenues au chapitre précédent.

Art. 171. — « Dans les trois mois après le retour du Français sur le territoire de l'empire, l'acte de célébra-tion du mariage contracté en pays étranger sera transcrit sur le registre public des mariages du lieu de son domicile. »

Ces articles semblent soumettre le mariage contracté par un Français à l'étranger à quatre conditions :

1° Conditions de capacité;

2° Conditions de formes ;

3° Conditions des publications en France;

4° Conditions de transcription.

Nous avons étudié, dans la section 1, les conditions de capacité; dans cette seconde section, nous examinerons successivement chacune des trois autres conditions.

I. — *Conditions de formes.*

Longtemps avant le Code civil, ou, pour parler plus juste, de tout temps, il a été reconnu qu'un homme pouvait, hors de sa patrie, se marier suivant les formes usitées dans le pays où il se trouvait.

Hertius, dans son traité *De collisione legum,* nous dit: *Matrimonium, juxta solemnitates loci alicujus ubi sponsus et sponsa commorabantur, contractum non potest prætextu illo rescindi, quod in domicilio aut patria mariti aliæ solemnitates observantur.* » — Mornac, sur la loi au Digeste *De ritu nuptiarum,* disait avec beaucoup de raison « *cum agitur de solemnitate contrahendi, debet servari consuetudo loci, ubi celebratur matrimonium, etiam si sponsus et sponsa extranei sunt, neque enim violare debent peregrini mores regionis in qua morantur.* »

Boullenois (Traité des statuts, p. 495), établit « que « le mariage étant du droit civil de chaque nation par « rapport aux formalités que la loi de chaque pays exige,

« il est bon et valable dans tout autre, dès qu'il a été
« valablement contracté dans un pays. » Cela est, ajouto-
t-il, conforme aux canons du concile de Trente (can. 21,
sess. 24, *De reformat. matrimonii*).

Cette doctrine est encore attestée par Dumoulin, par
le président Bouhier (sur la cout. de Bourgogne, ch. 28,
cout. 53, n° 9) par l'auteur du code matrimonial
(p. 149) que cite une consultation délibérée en 1740 par
plusieurs avocats, au nombre desquels se trouvait le
célèbre *Cochin*. Ces derniers, sur le fondement de cette
règle, se prononçaient pour la validité du mariage contracté en Angleterre entre des catholiques français en
présence de curés hérétiques.

Mais cette dernière forme de mariage était tout à fait
exceptionnelle; dans les pays où il n'y avait pas d'exercice
de la religion catholique, un Français pouvait se marier
avec une femme catholique, le mariage en ce cas était
célébré dans la chapelle de l'ambassadeur de France,
devant son aumônier; ce dernier avait des registres à
cet effet, et observait toutes les formalités prescrites en
France.

Le code n'a donc fait que suivre les idées reçues dans
notre ancien droit, lorsqu'il nous dit que le mariage
contracté en pays étranger, sera valable s'il a été célébré dans les formes usitées dans le pays.

Du principe que nous venons de poser, il résulte
que l'existence et la validité du mariage devront être exclusivement appréciées d'après les lois en vigueur dans
le pays où ce mariage est célébré; — Ces mêmes lois
régissent également tout ce qui est relatif à la preuve de
l'union; il suffira donc que les actes invoqués pour éta-

blir la célébration du mariage soient conformes aux lois du pays où il a été célébré. — De là il résulte que 1° un acte de mariage reçu dans un pays où les dispositions du concile de Trente sont encore en vigueur, fait foi en France, quoiqu'il n'ait été signé ni par les parties, ni par les témoins, ni même par le curé. En effet ce concile (sess. 24, chap. 1) ne prescrit aucune de ces formalités, il se borne à ordonner l'inscription de l'acte sur un registre tenu par le curé (cassat., 16 juin 1829. S. 1829. 1. 282).

2° D'un autre côté, quand l'union a été contractée dans un pays où il n'est pas d'usage de constater par écrit la célébration du mariage, la preuve peut s'en faire par témoins (Merlin, *Répert.*, v° *Mariage*, sect. 5, § 2, n° 9; Cass. 7 sept. 1809, Sirey, 1809. 2. 927; Metz, 2 juin 1814, Sirey, 1819. 2. 314.

3° Il n'est pas même toujours nécessaire de prouver le fait de la célébration, l'existence légale d'un mariage légitime peut se prouver par la possession d'état, lorsque ce genre de preuve est admis par la loi du pays où le mariage a été accompli.

Dans l'État de Pensylvanie, par exemple, le mariage est considéré comme un contrat civil indépendant de tout acte écrit, et de toute formalité religieuse; il se prouve suffisamment par la cohabitation et la réputation de mari et femme légitimes. Cette réputation d'ailleurs peut résulter de ce qu'un homme présente une femme comme son épouse, lui permet de porter son nom, et laisse parler d'elle comme de sa femme légitime.

Si un Français se marie dans cet Etat, ou dans l'État de New-York qui a une législation analogue, les tribunaux français devront reconnaître la validité de ce mariage, lorsqu'il est fait preuve devant eux de la cohabitation et de la réputation, c'est-à-dire de la notoriété publique, et de la possession d'état.

Ainsi jugé par la cour de cassation (Req. rej. 20 déc. 1841, Sirey, 42. 1. 821, Bousquet *C.* Dasque). Cet arrêt décide en outre que dans un tel cas, les tribunaux français restent toutefois juges du point de savoir s'il y a eu cohabitation et réputation, et qu'on ne serait pas recevable à prétendre qu'ils auraient violé la loi Pensylvanienne, et par suite l'art. 170 du Code civil, en jugeant que de fait la réputation alléguée, n'existait pas d'une manière suffisante.

La loi ou plutôt l'usage admis à cet égard en Pensylvanie était établi dans l'espèce, par deux consultations, l'une d'un avocat de Philadelphie, l'autre du consul des États-Unis, à Bordeaux. Dans le même sens, Bordeaux, 14 mars 1849 (Ribiere *C.* Borduzat), Sirey, 52. 2. 407; Sirey 57. 1. 81; Req. rej. 13 janv. 1850 (duc de Valmy *C.* Ridgway).

Les exemples que nous venons de citer suffisent pour montrer toute l'étendue de l'art. 170. C'est l'application la plus complète de la maxime *locus regit actum.* La loi apporte cependant une modification importante à ce principe, elle maintient l'obligation de faire des publications, alors même que la loi du pays n'exige pas de publications préalables, on a voulu par cette formalité prévenir la trop grande facilité qu'auraient eue les Français d'aller se marier à l'étranger pour s'affranchir de l'obligation de rendre public leur projet de mariage.

Avant de commencer cette grave question des publications, nous avons un point à éclaircir.

Les mariages contractés en France, ne sont valables qu'autant qu'ils l'ont été par-devant l'officier du lieu où l'une des deux parties avait son domicile, quant au mariage, c'est-à-dire six mois continus de résidence. En sera-t-il de même des mariages contractés par le Français à l'étranger.

D'après les observations de plusieurs tribunaux, et notamment de celui de Bruxelles, on trouvait dans le projet de Code, après la disposition de l'art. 170, une seconde partie ainsi conçue, « et néanmoins le mariage contracté « en pays étranger entre Français, ne sera valable « qu'autant que, avant la célébration, l'une des parties « contractantes y résiderait depuis six mois » (Locré, législ. civile, t. 4, p. 341).

Cette condition n'était pas exigée en cas de mariage entre Français et étrangers ; on voulait probablement empêcher deux Français d'aller en pays étranger, uniquement pour s'y marier, et pour cacher ainsi la célébration de leur mariage, que la loi au contraire veut entourer de publicité, mais cette seconde partie de l'art. 170 fut retranchée sur la proposition du premier consul qui fit remarquer que les publications de ce mariage devaient avoir lieu en France (Locré, Législ. civ., t. 4, p. 312).

M. Marcadé (sur l'art. 170), fait judicieusement observer que, si l'art. 74 exige les six mois de résidence, c'est afin que les parties soient connues dans le lieu où le mariage est célébré, mais que ce motif n'a de valeur qu'autant que le mariage se fait en France. Il importe

fort peu au législateur français, que les parties soient
connues plus ou moins en pays étranger. On n'aura
donc à suivre sur ce point que les règles du pays où le
mariage est célébré. (Voir en outre l'art. 15 de l'ord.
du 23 oct. 1833 sur les attributions du consul, relativement aux actes de l'état civil des Français.)

Revenons maintenant à la question des publications
exigées par l'art. 170.

L'art. 170 ne dit pas où doivent être faites les publications, qu'il prescrit. L'art 163, auquel il renvoie, détermine bien la forme de ces publications, mais n'in-
dique pas le lieu où elles doivent se faire. Évidemment
ce doit être en France, le législateur n'aurait aucun
motif pour prescrire de pareilles publications en pays
étranger. Faites en pays étranger, les Français, inté-
ressés à s'opposer au mariage, ne pourraient en avoir
aucune connaissance, et le but de la loi serait manqué.
— D'ailleurs il n'aurait pas le pouvoir de les exiger
des officiers publics étrangers.

Les publications se feront donc en France, mais dans
quelles communes? L'art. 170 en, imposant cette obligation ne se réfère qu'à l'art. 63, et cet art. 63 n'ordonne les publications qu'au domicile actuel des futurs
époux, l'art. 63 le seul visé par notre article, sera-t-il
aussi le seul qu'il faudra appliquer aux mariages contractés à l'étranger? Nous n'hésitons pas à répondre
que les publications doivent être faites partout où elles
devraient l'être, si le mariage était célébré en France.
Les publications étant le seul moyen d'y connaître le mariage qu'un Français veut contracter en
pays étranger, la loi n'a pas pu être moins rigoureuse

dans ce cas que dans celui d'un mariage contracté en France. Elles devront donc être faites dans, la commune du domicile du futur époux (art. 166), dans celle de sa résidence si elle est distincte (art. 167), et dans celle du domicile de ceux sous la puissance desquels il se trouve relativement au mariage (art. 168). En effet, l'art. 63 ne dit pas dans quels lieux les publications seront faites, c'est l'objet des art. 166, 167, 168. Notre article 170, en se référant à l'art 63, se réfère donc implicitement, non pas seulement aux art. 64 et 65, mais encore aux art. 166, 167, 168, qui sont tous le développement et l'accessoire de cet art. 63.

L'art. 170 semble exiger d'une manière générale que les publications soient faites en France; il ne distingue pas si le Français ne s'est rendu en pays étranger que pour s'y marier, sans y avoir domicile, ni résidence, si il y est établi depuis un temps plus ou moins long, enfin, s'il a ou s'il n'a pas conservé en France un domicile quelconque. Cependant si l'on consulte la discussion qui eut lieu dans le conseil d'État sur l'article qui nous occupe, on voit que l'intention du législateur était de dispenser des publications en France le mariage du Français établi depuis de longues années en pays étranger, et qui n'a plus dans sa patrie aucun ascendant sous la puissance duquel il se trouve quant au mariage. Le motif est que, si l'on a à craindre que l'on puisse aller à l'étranger exprès pour s'y marier clandestinement, cette crainte n'existe plus à l'égard des Français qui y sont établis depuis longtemps. Aussi la plupart des auteurs sont-ils d'avis que les publications ne sont pas indéfiniment exigées en France. Mais quand cesse cette obligation ? Sur cepoint les auteurs sont divisés.

Suivant M. Toullier (I, n° 578), la formalité des publications ne peut concerner que les Français qui n'auraient pas établi leur domicile en pays étranger par six mois de résidence. L'art. 15 de l'ordon. de 1833 favorise beaucoup cette opinion. M. Delvincourt (I, note 5, p. 68), M. Duranton (II, n° 327), ne l'en dispensent qu'autant qu'il n'aurait conservé en France ni domicile ni résidence. Enfin, selon MM. Aubry et Rau (IV, p. 112, note 11), pour en être dispensé, il faudrait que le Français n'eût plus en France d'habitation. L'opinion de ces auteurs semble la plus conforme à l'intention du législateur, telle qu'elle s'est manifestée dans la discussion du conseil d'État. Cependant, en présence de cette divergence d'opinions, et de la généralité du texte de l'article 170, nous croyons qu'il sera prudent de faire faire les publications au lieu du dernier domicile, lors même qu'il s'agit de Français établis depuis longtemps en pays étranger, sauf à les en dispenser aussi, bien entendu, si l'absence de tout domicile connu en France nous enlevait les moyens d'exécution.

Quelle est la sanction de l'art. 170 ?

Ici se présente une question très-sérieusement controversée. Le mariage contracté à l'étranger doit-il être annulé, quand il enfreint quelqu'une des prescriptions de cet article ?

Ce qui est hors de toute discussion, c'est que, si la cause de nullité était telle qu'elle dût être prononcée contre un mariage célébré en France; elle devrait l'être également contre le mariage célébré en pays étranger.

5

Ainsi, le défaut d'âge, de consentement des parties, des ascendants ou de la famille, la parenté ou l'alliance au degré prohibé, l'existence d'un premier mariage auraient cet effet. Mais, dans le chapitre auquel renvoie l'article 170, se trouvent également les art. 151 et suivants qui exigent les actes respectueux; il est certain qu'en France leur omission n'entraînerait pas la nullité, pas plus que le défaut de publications.

Ces empêchements simplement prohibitifs deviennent-ils dirimants en s'appliquant aux mariages contractés à l'étranger? Cette question est entre les auteurs l'objet d'une grave controverse.

On s'est fondé sur la généralité des termes de l'article 170 pour soutenir que le mariage contracté en pays étranger, est nul dans tous les cas où il n'a pas été précédé des publications prescrites par le Code ; qu'il est nul dans tous les cas où il a été contrevenu à l'une ou à l'autre des dispositions du chap. 1 du titre du mariage, sans distinguer si l'inobservation des prescriptions dont il s'agit entraîne ou non la nullité des mariages contractés en France.

Que dit, en effet, l'art. 170 ? Sa disposition est formelle : « Le mariage... *sera valable pourvu qu'il ait été* « précédé des publications prescrites par l'art. 63, et « que le Français n'ait point contrevenu aux dispositions « contenues au chapitre précédent. » — Or, dire qu'un acte sera valable pourvu qu'il ait été précédé de telle ou telle formalité, n'est-ce pas dire de la manière la plus claire que cet acte ne sera pas valable, c'est-à-dire qu'il sera nul, si la formalité prescrite pour sa validité n'a pas été observée ? — Donc, le mariage est nul par cela seul

que les publications prescrites par l'art. 170 n'ont pas
eu lieu ; il est nul si l'on a contrevenu aux dispositions
du chap. 1, et conséquemment si l'on n'a pas fait d'actes
respectueux.

Et cela se conçoit ; pour les mariages célébrés en
France, les publications sont un des éléments de la
publicité ; mais elles ne sont pas le seul ; divers éléments concourent à la former, la célébration devant
l'officier du domicile de l'une des parties, l'admission
du public à sa célébration, etc. En l'absence des publications, le mariage peut donc encore être public,
c'est-à-dire exempt de clandestinité. De là le pouvoir
discrétionnaire donné au juge par l'art. 193. Il n'en est
plus de même pour les mariages célébrés à l'étranger,
l'unique moyen de faire connaître le mariage en
France consiste dans la formalité des publications ;
elles sont alors à elles seules tout l'élément de publicité
qu'il peut recevoir.

Le défaut de publications, quand le mariage est
célébré en France, rend l'officier public passible d'une
amende ; cette sanction suffira pour assurer l'observation de la loi. — Or la peine portée par l'art. 192 ne
pouvant pas atteindre l'officier public étranger, cette
formalité importante se trouverait alors dépourvue de
sanction, si elle n'était pas prescrite à peine de nullité.
De même pour les actes respectueux, on conçoit que
le législateur dut tenir à ce qu'un descendant même
majeur ne fît jamais à son ascendant l'outrage de
se marier sans lui demander au moins son avis, sans
l'avertir de son projet. Pour les mariages contractés en
France, cette prescription trouve une garantie suffisante

dans l'emprisonnement et l'amende encourus par l'officier public (art. 157), cette garantie n'existant plus
pour les mariages contractés à l'étranger, il fallait
bien que le législateur recourût à un autre moyen. Sans
la nullité il serait ainsi loisible à tous d'éluder les ordres
de la loi, en se mariant à l'étranger, et en paralysant
l'exercice du droit de former opposition à leur union.
— Vainement alléguera-t-on que le chap. 4, qui s'occupe des demandes en nullité, ne mentionne pas, comme
y donnant naissance, le défaut de publications et d'actes
respectueux ; car l'art. 191, compris dans ce chapitre,
déclare nuls les mariages sans publicité ; il s'applique
donc au mariage célébré à l'étranger, puisque les publications, en France, constituent à elles seules sa publicité. En ce qui touche les actes respectueux, le texte
de l'art. 170, la nécessité d'une sanction, qui autrement n'existerait pas, conduisent à cette solution d'autant plus qu'il régit une matière toute spéciale, celle
des mariages à l'étranger, dont le chapitre consacré
aux mariages en France n'avait pas à s'occuper.
MM. Marcadé, art. 170 ; Bugnet sur Pothier (t. 6, p. 20).

Cette première opinion est parfaitement résumée dans
un arrêt de la Cour de Cassation du 6 mars 1839 ; voici
le texte de cet arrêt :

« Attendu que l'on ne peut pas interpréter l'art. 170
du Code civil, sur les mariages contractés à l'étranger
par les dispositions du même Code relatives aux mariages célébrés en France ; que si ces derniers peuvent
être déclarés valables, lorsqu'il n'y a eu ni publications,
ni actes respectueux, c'est parce que la loi trouve sa
sanction dans les peines qu'elle prononce contre les offi-

ciers de l'état civil qui auraient procédé à sa célébration; tandis que pour les mariages contractés à l'étranger, comme les mêmes dispositions pénales ne pourraient atteindre les officiers publics, la loi n'avait d'autre moyen de donner une sanction à ses prescriptions qu'en frappant le mariage lui-même d'invalidité, que, s'il en était autrement, il suffirait à des Français de passer à l'étranger pour affranchir leur mariage de toutes les conditions imposées par les lois françaises, et pour, en s'abstenant des publications, et des actes respectueux exigés, se soustraire, soit aux oppositions des tiers, soit à l'autorité de la puissance paternelle. »

(Paris, 10 déc. 1827. Hoppe. C. D...,— et 30 mai 1829, Gaubert C. Dieu; D. 1829-II-214, 215; Casse . 8 mars 1831, Gaubert. D. 1831-I-111 ; Cassat. 6 mars 1837, Dev. 1837-I-177; Montpellier, 15 janv. 1839. Dev. 1839-II-246).

Cette doctrine rigoureuse ne nous paraît pas devoir être suivie; aucun texte de nos lois n'attache la peine de nullité au défaut des publications prescrites par l'art. 170 ; cet article dit bien que le mariage sera valable pourvu qu'il ait été précédé des publications, mais il ne dit pas ce qui aura lieu si cette condition n'a pas été remplie ; il ne prononce pas la nullité, ce n'est que par un argument *a contrario* qu'on pourrait l'induire.

En thèse générale les nullités ne peuvent être créées par induction; il n'y a de nullités que celles qui sont prononcées par la loi, et en matière de mariage que celles qui sont écrites expressément dans le chapitre VI.

Le mot *pourvu que* de l'art. 170 n'a pas la signification qu'on veut lui prêter; les art. 64 et 228, par exemple, ne disent-ils pas, le premier que le mariage ne pourra être célébré avant l'expiration des trois jours qui suivent la seconde publication ; le second, que la femme ne pourra contracter un nouveau mariage qu'après dix mois révolus depuis la dissolution du mariage précédent. Ces termes sont aussi énergiques que ceux de l'art. 170, et cependant personne ne va jusqu'à prétendre que la violation de ces articles soit une cause de nullité.

Peut-on d'ailleurs raisonnablement admettre qu'un homme de trente ou quarante ans qui habite un pays éloigné, qui s'y marie avec toutes les formalités et la publicité voulues, qui fait même précéder son union de publications en France, peut-on, disons-nous, admettre que le mariage qu'il contracte est nul, par cela seul qu'il aura omis de requérir le conseil d'un ascendant? C'est là une rigueur impossible, et pourtant il faudrait bien le décider ainsi dans la première opinion, le *pourvu que* de l'art. 170 portant aussi bien sur l'absence des actes respectueux que sur celle des publications.

Mais, dit-on, l'art. 170 n'a aucune sanction?

En ce qui concerne les publications, c'est une erreur ; il est bien vrai que l'amende infligée à l'officier d'état civil, par l'art. 192, ne pourra recevoir aucune application, mais les parties pourront être condamnées à une amende proportionnée à leur fortune.

Pour les actes respectueux, nous le reconnaissons, la sanction manque, l'art. 157 est évidemment inapplicable à l'officier public étranger. Il y a sans doute là des inconvénients, mais il ne faut pas les exagérer ; il ne faut pas surtout pour s'y soustraire, se jeter dans d'autres inconvénients pires encore. Cette disposition peut d'ailleurs trouver une sanction dans le soin que mettent les officiers publics de chaque pays, avant de célébrer le mariage d'un étranger, à s'enquérir des conditions exigées par sa loi personnelle.

Faut-il conclure de toutes ces raisons que jamais l'omission des publications n'entraînera la nullité de mariage?

Un parti considérable dans la doctrine et la jurisprudence, fait de la question des publications un corollaire de la publicité du mariage. Aux termes de l'art. 193, combiné avec les art. 165, 191, 192, les magistrats ont un pouvoir discrétionnaire pour apprécier le défaut de publicité du mariage, et pour le déclarer nul ou valable suivant les circonstances ; l'art 170 veut surtout assurer en France la publicité du mariage célébré en pays étranger, et tel est particulièrement le but des publications qu'il exige. Donc les magistrats ont aussi, dans ce cas, ce pouvoir d'appréciation discrétionnaire, qui leur appartient toutes les fois qu'il s'agit de décider une question de publicité de mariage. — La nullité pourra être prononcée suivant les cas et les faits ; à ce moyen ils seront à même d'apprécier la gravité et la multiplicité des infractions ; ils pourront prendre en considération la bonne ou la mauvaise foi des parties, distinguer le cas où la contravention a été le but de la célébration en pays étranger, du cas où elle s'y est accidentellement rencontrée ; enfin ils pourront prendre en considétion même les faits qui ont suivi l'union irrégulièrement contractée, par exemple sa durée, ou l'approbation qu'elle a reçue dans la société, dans la famille.

M. Demolombe résume comme il suit la doctrine dont il s'agit : « Les magistrats appelés à statuer sur lo sort « d'un mariage célébré en pays étranger, et confirmé « ensuite par la possession d'état des époux, par le con-« sentement des parents, par la naissance d'enfants, etc., « les magistrats useront, même pour ce cas, du pouvoir « discrétionnaire que leur confère l'art. 193. Apprécia-« teurs souverains de la situation tout entière, des faits « nouveaux comme des faits anciens, ils ne les diviseront « pas, et ils déclareront finalement, non pas, si vous « voulez, que le vice de clandestinité a purgé, mais que « ce vice n'existait pas. Et rien ne sera plus logique à « la fois et plus légitime. N'est-il pas vrai qu'un fait « peut changer de gravité et de caractère, pár suite « d'autres faits postérieurs qui viennent ensuite s'y « ajouter. (*Traité du mariage*, I, vº 225. MM. Dur. II, « vº, 228. Val. sur Proudhon, I, p. 412. Aubry et Rau, « t. 4, p. 110.).

La jurisprudence paraît bien fixée dans le sens de cette opinion. C'est ainsi que, dans l'affaire Balmotte, la Cour de Bordeaux a décidé que, bien que le mariage contracté à Rome entre Jules Balmotte et Thérésa Ci-notti n'eût pas été précédé des publications prescrites par les art. 169 et 170, il n'était néanmoins pas annu-lable, parce que l'art. 170, ne prononçant pas expressé-ment la nullité, laissait, par cela même, aux juges le droit d'apprécier les circonstances et de décider, suivant qu'il y aura eu *bonne foi* des contractants, ou, au contraire, *intention de frauder la loi française*, que des faits de la cause il apparaissait que les conjoints avaient agi de bonne foi, que, par conséquent, leur mariage était valable (Sirey, 66. 1, 206).

Le tribunal de la Seine a annulé, au contraire, dans une hypothèse identique, le mariage contracté à l'étranger sans publications préalables en France, parce qu'il était constant, en fait, que cette absence de publications, et la célébration du mariage à l'étranger, n'avaient eu lieu qu'en vue de frauder les dispositions de la loi française (*Droit*, 20 février 1865. Dans le même sens, req. rej., 1854. Sirey, 54. 1. 295. — Paris, 27 août 1856, aff. Pescatore).

Pour nous, nous préférons nous ranger au troisième système, suivant lequel, le mariage célébré à l'étranger, quoique non procédé des publications prescrites par l'art. 170, est valable dans tous les cas; les juges n'ont pas le droit de le déclarer nul, sous prétexte du défaut des publications prescrites.

Il nous semble que la doctrine qui valide le mariage d'une manière générale est plus conforme aux principes et à l'économie de l'art. 170. Il ne doit résulter aucune influence sur la solution de la difficulté, de cette circonstance, à laquelle les auteurs précités paraissent attacher une grande importance, que les époux se sont rendus en pays étranger pour échapper aux exigences des formalités de la loi française. Il s'agira toujours d'examiner, en définitive, si la disposition à laquelle on aura voulu se soustraire emporte, ou non la peine de la nullité, et dès qu'on aura reconnu qu'aucune nullité n'est attachée à son inobservation, il ne sera pas permis de la créer arbitrairement sous prétexte qu'on aura voulu se sous-

traire aux exigences quelquefois gênantes de la loi française.

Quant à la nullité qui résulte du défaut de publicité,
nous avons sur ce point à faire une distinction très-im-
portante.

Le Code exige deux publicités : 1° la publicité des
projets d'union. Cette publicité résulte des publications
(art. 63). A notre avis jamais le seul défaut des publications ne peut entraîner la nullité. Pas de nullité sans
texte. La loi a pourvu à l'exécution de cette formalité
par l'art. 192, en frappant les contrevenants d'une
amende proportionnée à leur fortune.

La loi veut une seconde publicité, la publicité de la
célébration (165. 191. 193). Si le clandestinité du mariage à l'étranger porte sur le contrat lui-même, la
nullité est possible ; nous avons un texte (l'art. 191), les
tribunaux apprécieront.

Mais il suffit que le mariage ait été célébré avec les
formalités usitées dans le pays (et l'on sait que ces formalités sont généralement accompagnées d'une certaine
pompe) pour qu'il ne soit plus exact de dire qu'un tel
mariage n'a pas été célébré publiquement.

(Paris, 8 juill. 1820. Delnaye C. Mazzoni. Sirey,
1820, II, 307. Nancy, 30 mai 1826, Poirson C. Nass.
Sirey, 1826, II, 251. Cass. 12 fév. 1839. D'Hérisson.
Dev. 1833, I, 195. Vazeille, I, v° 158. Zachariæ, III,
p. 312-314).

Indépendamment des conditions exigées par l'article
170, l'art. 171 porte que « dans les trois mois après le
retour du Français sur le territoire du royaume, l'acte
de célébration de mariage, contracté en pays étranger,

sera transcrit sur le registre public des mariages du lieu de son domicile. »

Ce délai de est-il fatal, de telle sorte, qu'après l'expiration des trois mois, la transcription soit désormais impossible ? Nous ne le pensons pas ; le texte, bien différent de l'art. 859, ne prononce aucune déchéance, la formalité dont il s'agit, peut donc être accomplie utilement à toute époque, et même après la dissolution du mariage par la mort de l'un des deux époux (Toullier, I, n° 579 ; Zachariæ, III, p. 314 ; Duranton, II, n° 240, Cass. 12 février 1853 ; Sirey, 33. 1. 195). Toutefois, une transcription faite hors des délais indiqués par l'art. 171 constitue une rectification des actes de l'état civil, et ne peut dès lors avoir lieu qu'après autorisation de justice. C'est ce qni résulte d'une lettre du Grand-Juge du 5 germinal an XII (Merlin, *Répert.*, v° *Mariage*, sect. 3, § 1, n° 3) ; 2° d'une circulaire du garde des sceaux du 7 mai 1822 ; cette même circulaire veut, en outre, que si le Français, à son retour en France, prend un autre domicile que celui qu'il avait quand il en est sorti, la transcription ait lieu dans les deux communes.

Quel est l'effet du défaut de transcription de l'acte de mariage dans le délai fixé par l'art. 171 ?

L'art. 171 ne contient expressément aucune sanction ; plusieurs systèmes ont été proposés, mais aucun ne va jusqu'à la nullité du mariage. M. Delvincourt enseigne que « dans ce cas, le mariage n'étant pas légalement connu en France n'aurait aucun effet civil à l'égard des Français, ou des biens situés en France ; qu'en conséquence, les enfants de ce mariage n'hériteraient pas desdits biens au préjudice des autres parents français ;

qu'il ne pourrait servir de motif pour faire annuler un second mariage contracté en France avant sa dissolution, etc. ; qu'il n'a d'effet enfin que du jour de la transcription, et ne peut préjudicier aux actes faits, ni aux droits ouverts auparavant (I, p. 68, note 6).

Dans une seconde opinion, on distingue entre les effets civils, que le mariage n'engendre qu'à raison de la publicité, dont la loi le suppose entouré, et ceux qui sont moins le résultat de la publicité du mariage que du mariage lui-même. Pour les premiers, le mariage non transcrit dans les trois mois ne les produit que du jour où il le sera. La femme n'aura d'hypothèque légale qu'à compter de la transcription : si la femme contracte, elle ne pourra invoquer le défaut d'autorisation maritale contre les actes antérieurs à la transcription, ce serait surprendre la bonne foi des tiers, et leur causer préjudice, mais quant aux effets indépendants de la publicité, ce mariage les produira même non transcrit ; ainsi les enfants pourront toujours réclamer, la transcription une fois faite, les successions ouvertes antérieurement, sauf à traiter en possesseurs de bonne foi les autres parents qui les ont recueillis, et leur laisser en conséquence le gain des fruits (Toullier 1, v° 580 ; Duranton II, v° 240 ; Bordeaux, 14 mars 7850 ; Dev. Car. 52. 2. 561).

Un troisième système tend à prévaloir généralement aujourd'hui ; il consiste à regarder la transcription comme une simple formalité, bonne à prescrire et à suivre, mais n'ayant rien de substantiel et n'entraînant aucune déchéance ni perte de droits.

Nous croyons que cette opinion est à la fois conforme au texte et à l'esprit de la loi. L'art. 171 ne prononce

aucune déchéance, et il ressort des travaux prépara-
toires du Code qu'on n'a jamais eu l'idée d'attacher à
cet article d'autre sanction que celle de peines pécuniaires. La preuve se retrouve dans la discussion qui
eut lieu au conseil d'État dans la séance du 4 vendémiaire an X. — M. Defermon demande pourquoi
l'exécution de l'art. 171 n'est pas assurée par une disposition pénale. — M. Réal répond que cette disposition n'appartient pas au Code civil, et que sa place naturelle est dans les droits sur l'enregistrement, où déjà
elle se trouve (cette peine consistait dans un double
droit que devait payer l'époux contrevenant). — M. Tronchet voudrait que la peine de la contravention fût une
amende indépendamment du double droit (Locré,
Lég., IV, p. 352).

Mais cet impôt, cette peine du double droit ne se
trouve nulle part dans les lois sur l'enregistrement. —
Si le retranchement des dispositions, insérées à cet effet
dans le projet de Code, a laissé cet article sans sanction, ce n'est pas une raison pour y suppléer par une
déchéance que la loi n'a pas établie.

Après avoir admis, comme on est obligé de le faire,
qu'un mariage célébré en pays étranger produit en
France tous ses effets civils, indépendamment de la
transcription de l'acte de célébration, tant que les
époux continuent à résider à l'étranger, il serait peu
rationnel de subordonner, quand ils sont de retour en
France, ces effets à l'accomplissement de cette formalité. Dans le premier cas la femme aura hypothèque
légale, elle pourra attaquer pour défaut d'autorisation
les engagements pris par elle, et cependant la transcrip-

tion n'a pas eu lieu, ils ne sont pas revenus en France.
Si donc tous ces effets se produisent, quand les époux
restent à l'étranger, comment ne pas admettre à plus
forte raison, qu'ils se produiront quand les époux sont
rentrés, quand ils jouissent de la possession d'État, et
que leur mariage est notoire en France?

Enfin le système contraire ferait retomber sur la femme
les conséquences de l'omission d'une formalité que son
caractère de dépendance vis-à-vis de son mari ne lui per-
mettrait pas toujours de remplir, et dont ce dernier pourrait même avoir intérêt à empêcher l'accomplissement; il
serait aussi en opposition avec l'esprit général de notre
législation touchant les garanties accordées aux femmes
mariées pour la conservation de leur patrimoine, et plus
spécialement avec les motifs sur lesquels repose la dispense d'inscription de leur hypothèque légale.

Ce système a été soutenu pour la première fois par
M. Mourlon dans la *Revue du droit français et étranger*
(1844 I, p. 885). — Voici comment il conclut :

« L'art. 171 n'a pas la portée qu'on a voulu lui donner; le seul effet qu'il puisse produire est d'obliger l'officier préposé aux actes de l'état civil à transcrire sur
les registres l'acte de célébration qui lui est présenté.
Quant à la sanction elle-même, elle consistera naturellement dans les difficultés et les lenteurs que présentera la
preuve du mariage, lorsqu'il n'aura pas été régulièrement transcrit sur les registres français. Sans doute, il
est regrettable qu'on n'ait pas frappé au moins d'une
amende, l'inobservation d'une formalité, qui intéresse
l'ordre public, mais il n'appartient ni aux commenta-

teurs, ni aux juges de refaire l'œuvre imparfaite de la loi, les peines ne se suppléent pas. »

Nous déciderons donc que malgré le défaut de transcription.

1° Ce mariage fait certainement obstacle à un mariage postérieur (art. 147) (Cass. 8 nov. 1824, le procureur général de Colmar C. Jung et Lux, Sirey 24. 1. 428);

2° Que la femme a dans tous les cas son hypothèque légale (Cass. 23 nov. 1840, Gradis C. Las-Fuentes, Sirey 40. 1. 920);

3° Que la femme peut opposer le défaut d'autorisation contre les engagements par elle contractés (Comp. en ce sens, Fœlix II, p. 882; Demolombe III, v° 229; Valette, exp. som., p. 99; Zachariæ, Aubry et Rau, IV, p. 115).

Mariage devant le consul.

Jusqu'en 1791, le contrat civil, dans le mariage des chrétiens, était inséparable du sacrement, et la loi ne reconnaissait pas l'un à défaut du concours de l'autre. Sous une pareille législation, il était impossible que les agents diplomatiques ou commerciaux pussent recevoir valablement des actes de mariage. Remarquons en passant qu'ils étaient également sans caractère pour recevoir les actes de naissance et de décès, parce que les naissances et les décès ne pouvaient être constatés autrement que par les cérémonies religieuses du baptême et de l'inhumation.

La Révolution de 1789, voulant rendre l'État indépendant de l'Église, établit une séparation complète entre la loi civile et la loi religieuse ; de là cette règle nouvelle proclamée par la Constitution de 1791 (tit. 2, art. 7) : « la loi ne considère le mariage que comme un contrat civil. » Dans une seconde disposition elle renvoyait à une loi postérieure la désignation des officiers publics chargés de recevoir les actes de naissance, mariage, décès.

La loi du 20 septembre 1792 remplit ce but ; elle porte, dans son art. 1, que les municipalités recevront à l'avenir les actes destinés à constater les naissances, mariages, décès. Par une autre disposition elle déclare valables les mariages qui, depuis 1791, avaient été contractés devant les municipalités, les notaires, et même devant les huissiers ; plusieurs personnes en effet, persuadées qu'un contrat purement civil ne pouvait exiger, pour sa perfection que le ministère d'un officier public quelconque, s'étaient mariées devant ces différents officiers (tit. 4, sect. 4, art. 9).

Cette loi ne s'occupait pas de la question de savoir par qui devaient être dressés désormais les actes de l'état civil en pays étranger. Pour suppléer à cette lacune, le pouvoir exécutif était intervenu et avait décidé que, d'après l'esprit de la loi de 1792, les agents diplomatiques et commerciaux de la France à l'étranger, pouvaient remplir, à l'égard des Français, toutes les fonctions d'officiers de l'état civil, non-seulement pour les mariages, mais encore pour les naissances et les décès.

Les agents diplomatiques et commerciaux se conformèrent ponctuellement à ces instructions, et il s'établit dès lors là un usage qui était en pleine vigueur à l'époque où fut organisé le gouvernement consulaire.

Dans la séance du 4 frimaire an XI, le conseil d'État, consulté sur la question de savoir si les consuls pouvaient recevoir les actes de l'état civil des Français établis dans leur résidence, avait répondu affirmativement; son opinion était basée sur ce que :

1° Si l'ordonnance de 1681 et les lois et règlements qui ont déterminé les attributions des consuls à l'étranger n'y ont pas compris les actes de l'état civil, c'était parce qu'alors les ministres du culte étaient exclusivement chargés de les recevoir.

2° Sur ce que la loi du 28 septembre 1792, qui a confié à l'autorité civile la rédaction des actes, a fait disparaître l'obstacle qui s'opposait en principe à la compétence des consuls.

3° Sur ce que cette attribution résulte évidemment de la nature et de l'étendue des fonctions consulaires qui comprennent la juridiction et la réception de tous actes et contrats.

4° Sur ce qu'il est juste et conforme à nos lois de faire jouir les Français qui se trouvent en pays étranger, du bénéfice de la loi civile nationale (avis du conseil d'État du 4 frimaire an XI, approuvé le 17 du même mois).

Le Code a consacré, pour les agents diplomatiques et les consuls, le droit de recevoir en pays étranger les actes de l'état civil de leurs nationaux :

Art. 48. « Tout acte de l'état civil des Français en pays étranger sera valable, s'il a été reçu conformément aux lois françaises par les agents diplomatiques, ou par les consuls.

Cette disposition est générale, elle comprend tous les actes de l'état civil, naissance, décès, mariages; tel n'est cependant pas l'avis de M. Favard de Langlade (*Répert.*, v° *Mariage*, sect. 3, § 2); l'art. 48, d'après cet auteur, contient un principe général pour tous les actes de l'état civil; mais ce principe reçoit une exception pour les mariages qui sont régis par une disposition spéciale, l'art. 170; et cet article ne reconnaît la validité du mariage, que lorsque il est contracté dans les formes usitées dans le pays.

L'opinion contraire est universellement admise aujourd'hui; l'art. 170 n'est point conçu en termes restrictifs, mais en termes simplement explicatifs, il n'a point entendu déroger à la disposition générale, absolue de l'article 48.

On objecte encore que l'art. 170 ne se réfère qu'à l'art. 47, c'est-à-dire au cas seulement où le mariage est célébré devant les autorités du pays. La réponse est facile: si l'art. 170 ne se réfère qu'à l'art. 47, c'est qu'il mentionne aussi les mariages entre Français et étrangers et nous verrons que ces mariages ne peuvent être valablement célébrés devant le consul.

D'ailleurs, il ne serait pas raisonnable de réduire les Français, à ne pouvoir se marier en pays étranger, que suivant les formalités du pays où ils se trouvent, c'est-à-dire peut-être suivant des cérémonies, et des rites contraires à leurs mœurs, ou à leur religion.

Le Code nous dit « *tout acte de l'état civil des Français;* » la compétence des agents diplomatiques et des consuls est donc restreinte aux actes de l'état civil de leurs nationaux la proposition est incontestable relativement à un acte qui n'intéresse que des étrangers, mais en est-il encore de même, quand l'acte intéresse à la fois un

Français et un étranger, en d'autres termes le consul français pourrait-il célébrer le mariage entre un Français et un étranger?

Nous ne le pensons pas, l'art. 48 ne parle que de l'état civil des Français, c'est-à-dire des Français entre eux, et ne confère nullement aux agents diplomatiques ou commerciaux la capacité de recevoir les actes de mariage entre Français et étrangers. — On conçoit très-bien que le mariage entre Français et étrangers puisse être célébré suivant les formalités usitées dans le pays, attendu qu'il se trouve régi, en ce qui concerne l'étranger par les lois auxquelles celui-ci est soumis, et en ce qui touche le Français par la règle *locus regit actum*.

Le consul de France, au contraire, n'a compétence que pour ses nationaux ; il est incompétent pour le conjoint étranger, l'art. 48 ne lui donne pas ce droit.

Sans doute le législateur aurait pu dire aux agents diplomatiques et commerciaux : je regarderai comme valables en France les mariages que vous célébrerez en pays étranger, n'importe que dans les pays où vous les célébrez, ils soient tenus pour tels, ou qu'on les considère comme nuls.

Il faut même reconnaître que dans certains cas ce système serait très-favorable. Depuis plusieurs années il s'est formé au Japon toute une colonie européenne, Hollandais, Américains, Français, Anglais, etc. Supposons qu'un Français veuille s'y marier avec une Anglaise; vous ne pouvez évidemment soumettre la célébration du mariage aux formalités et aux rites des Japonais; mais quel sera l'officier de l'état civil compétent? ce ne sera pas le consul de France, l'art. 48 ne lui donne pas

cette capacité ; si les lois étrangères étaient sur ce point
aussi rigoureuses que notre Code, il serait littéralement
impossible au Français de contracter mariage dans les
circonstances où nous le plaçons.

Quoi qu'il en soit, ce que le législateur aurait pu faire,
il ne l'a pas fait. Il suffit de rapprocher l'art. 48 des
art. 47 et 170 du même Code pour demeurer convaincu
que sa disposition doit être prise à la lettre et que le
législateur n'a entendu confier aux agents diplomatiques
et aux consuls les fonctions d'officier d'état civil que relativement aux Français entre eux (Cassation, 10 août
1819, Sirey, 1819, 1, 402. Jugement du tribunal de
la Seine du 30 décembre 1837, *Gazette des Tribunaux*
du 31. Circulaires des affaire étrangères des 4 nov. 1833
et 28 juill. 1850).

Si le consul consentait à célébrer le mariage entre un
Français et un étranger, cet étranger aurait pour ministre de son union un officier incompétent ; il n'y aurait
donc pas de mariage, tellement que le Français lui-même
pourrait en demander la nullit'

Remarquons enfin que l'art. 48, qui attribue aux consuls les fonctions d'officiers d'état civil, ne fait que poser
un principe, il fallait encore un règlement uniforme,
qui assurât son exécution. Il a été pourvu à ce besoin
par une ordonnance des 23 octobre, 12 novembre 1839.

Effets du mariage.

1. La femme française qui épousera un étranger suivra
la condition de son mari (art. 19). Mais si le mariage, une
fois célébré, le mari perd sa nationalité par suite de faits

auxquels la femme n'a pas participé : cette même nationalité sera-t-elle forcément perdue pour la femme ?

Dans une première opinion, la naturalisation individuelle du mari entraîne celle de la femme : la femme
passe avec lui sous l'empire de la nouvelle loi qu'il a
choisie. C'est la conséquence du lien intime qui unit les
époux. En se mariant, la femme se donne à son mari ;
la personnalité de l'époux entraîne la personnalité de
l'épouse et se l'assimile par un lien si intime, qu'à vrai
dire ils n'en font qu'un. La femme suivra donc, dans
tous les cas, la condition et, par suite, la nationalité du
mari (Proudhon, I, p. 452 ; Massé, III, n° 48 ; Fœlix,
t. I, p. 93 ; Varambon, *Revue pratique*, t. VIII, p. 50-
65). — Nous croyons toutefois, pour notre part, que les
textes et les principes exigent que le changement de nationalité du mari depuis le mariage soit sans influence
sur la nationalité de la femme.

La femme française qui épousera un étranger, dit l'article 13, ce n'est donc qu'au moment du mariage que la
nationalité du mari devient celle de la femme ; alors, en
effet, elle connaît la condition de celui qu'elle épouse :
si le mariage avec un étranger lui enlève sa qualité originaire, c'est par un effet de sa volonté. On n'en peut
dire autant dans l'autre cas. Il ne peut dépendre de la
volonté du mari de lui enlever sa nationalité ; de modifier à
son gré son état ; aucune loi ne lui accorde un droit aussi
exorbitant. La femme conservera donc sa qualité de
Française, et cela serait vrai lors même qu'elle aurait
suivi son mari naturalisé, ou devenu fonctionnaire, ou
établi sans esprit de retour à l'étranger ; elle n'a fait

que son devoir en le suivant hors de France : on ne peut la punir d'avoir rempli fidèlement son devoir.

La doctrine que nous attaquons doit, d'ailleurs, être repoussée comme contraire à la pensée du législateur. En effet, lors de la discussion de l'art. 214 C. Nap., M. Regnaud de Saint-Jean d'Angely dit que, sans doute le mari n'a pas le droit de faire de sa femme une étrangère ; mais que, cependant, il ne doit pas être forcé de s'en séparer lorsque ses affaires le conduisent hors du territoire français. Et, dans la séance du 6 thermidor an IX, voici comment s'était exprimé le premier consul : « Il y a une grande différence entre une Française qui épouse un étranger, et une Française qui, ayant épousé un Français, suit son mari lorsqu'il s'expatrie : la première, par son mariage, a renoncé à ses droits civils ; l'autre ne les perdrait que pour avoir fait son devoir. » (MM. Valette sur Proudhon, I, p. 126 ; Demangeat sur Fœlix, I, p. 28 ; Colmet-Daage, *Revue de droit français*, I, p. 401 ; Demolombe, I, n° 175).

Si le Français, qui se fait naturaliser en pays étranger, avait des enfants mineurs, la naturalisation du père emportera-t-elle celle des enfants ?

Quelques auteurs l'ont pensé : ceux des membres de la famille qui se trouvent sous la dépendance légale du chef doivent suivre le sort de celui-ci ; il en est de même en supposant la naturalisation de la veuve ayant des enfants mineurs (Fœlix, I, n° 40).

Nous ne saurions partager cette opinion ; nous pensons que la naturalisation obtenue par le père en pays étranger n'a aucun effet sur la nationalité des enfants. Nous n'admettons même pas que, par une demande expresse, le père puisse leur faire perdre la qualité de Français, les dépouiller de la nationalité qu'ils tiennent de leur naissance.

La nationalité est une qualité personnelle, une partie essentielle de l'état des enfants, c'est la loi qui la leur confère; elle n'attribue à aucun représentant le pouvoir de l'aliéner en leur nom; ce n'est qu'à leur majorité, et par une manifestation de leur volonté, qu'ils peuvent eux-mêmes l'abdiquer.

Cette doctrine, suivant laquelle la naturalisation du père, ou de la mère veuve, entraînerait de plein droit celle de ses enfants mineurs, a été rejetée par la loi du 7 fév. 1851, dont l'art. 2 est ainsi conçu :

« L'art. 9 c. civ. est applicable aux enfants de l'étranger naturalisé, quoique nés en pays étranger, s'ils étaient mineurs lors de la naturalisation. A l'égard des enfants nés en France, ou à l'étranger qui étaient majeurs à cette même époque, l'art. 9 c. civ. leur est applicable dans l'année qui suivra celle de ladite naturalisation. »

Ainsi le bénéfice de la naturalisation accordé à un étranger n'est jamais communiqué à ses enfants, qu'autant qu'ils le veulent bien, s'agit-il d'un enfant mineur? Il ne peut être mis en demeure de se décider immédiatement après la naturalisation de son père; on lui donnera un an à partir de sa majorité, c'est-à-dire de la majorité fixée par la loi étrangère (Grenoble, 16 déc. 1858. Perregaux. D. 1829).

Nous devons cependant reconnaître que la doctrine que nous combattons présente cet avantage, qu'elle pourra prévenir des difficultés sérieuses, des conflits embarrassants entre les lois personnelles des membres d'une même famille.

Ainsi un Français, époux et père, se fait naturaliser en pays étranger; sa femme et ses enfants conservent leur nationalité. Ce chef d'une famille française, qui est devenu étranger, continuera-t-il d'exercer la puissance maritale sur sa femme, et la puissance paternelle sur ses enfants?

Nous devons reconnaître son mariage, nous devons donc reconnaître aussi la puissance maritale et la puissance paternelle qui en sont les effets les plus précieux. Mais quelles lois seront observées? La question est délicate.

Le chef de la famille est devenu étranger; son état et sa capacité se trouvent donc réglés par les lois de sa nouvelle patrie, — d'un autre côté la femme et les enfants, demeurés Français, sont soumis à ce titre aux lois personnelles françaises. Quel que soit le parti que nous prenions, nous serons toujours forcés de violer un statut personnel; nous aboutissons ainsi à une impasse. Il faut chercher ailleurs un principe de solution, et ce principe, nous le trouvons dans l'idée suivante : l'application des lois étrangères en France n'est que l'exception, le droit commun est l'application de nos lois nationales; en cas de doute ou de conflit, le droit commun doit l'emporter; ainsi, dans l'espèce qui nous occupe, la puissance maritale, la puissance paternelle devront, selon nous, être régies par la loi française.

M. Demangeat (sur Fœlix I, p. 105, note *a*), pense que ces difficultés résultant du conflit entre la loi de la femme et la loi du mari ne se présentent pas nécessairement.

« En effet, dit-il, si le mari ne peut pas faire perdre à sa femme la nationalité, il peut, au contraire, lui faire perdre son domicile : donc si l'on admet avec nous que la loi personnelle de chacun dépend du domicile et non de la nationalité, il en résultera que les époux, bien que n'étant plus membres d'une même nation, seront soumis à une même loi personnelle. »

Ce système, en effet, simplifierait beaucoup la question ; mais nous ne croyons pas pouvoir l'admettre. Pour nous, la loi personnelle dépend non pas du domicile, mais de la nationalité ; l'art. 3 ne distingue pas le cas où le Français possède, en pays étranger, un véritable domicile, et celui où il n'y a qu'une résidence momentanée ; le Français, par cela seul qu'il est Français, et tant qu'il demeure Français, reste soumis aux lois de sa patrie, qu'il soit domicilié en France ou à l'étranger, il n'importe.

Légitimation par mariage subséquent.

II. Les qualités de père et d'enfant légitimes, ou naturels, sont évidemment régies par les lois personnelles, nous devons en dire autant des modes de légitimation. Nous savons qu'en France les enfants nés hors mariage, autres que ceux nés d'un commerce adultérin, ou incestueux, peuvent être légitimés par le mariage subséquent de leur père et de leur mère (art. 331).

De là il suit qu'un Français enfant naturel sera considéré comme légitimé par le mariage subséquent de ses père et mère, lors même que ce mariage aurait lieu dans un pays où la légitimation par mariage subséquent n'est pas admise, en Angleterre par exemple.

Cette décision avait néanmoins soulevé des doutes dans notre ancien droit.

D'après Hertius (traité *de collisione legum*, § 14), ce serait la loi du lieu où le mariage a été célébré, qui devrait régler tout l'état de l'enfant; en sorte que le mariage, contracté en Angleterre par un père et une mère Français, ne légitimerait pas leurs enfants, non-seulement à l'effet de succéder aux biens qu'ils laisseraient sous la domination anglaise, mais même à l'effet de succéder aux biens qu'ils laisseraient en France ; et qu'au contraire le mariage, contracté en France par le père et la mère Anglais d'un enfant naturel, légitimerait celui-ci, même à l'effet de succéder aux biens qu'ils laisseraient en Angleterre.

Nous ne saurions partager cette opinion ; qui, d'ailleurs n'avait pas prévalu dans notre ancien droit (Voir en sens contraire Boullenois, traité des statuts, I. p. 62). — Arrêt du Parlement de Paris rapporté dans le *Journal des Audiences du Parlement de Paris* (t. 2, livre 7, chap. 17. Edit. de 1753.) La loi du pays où le mariage a été contracté, a dû sans doute, comme le décide l'art. 170, régler la forme de la célébration de leur mariage; mais elle est impuissante pour déterminer ses effets, quant à la légitimation, ou à la non-légitimation des enfants naturels des deux époux : la capacité, ou l'incapacité pour ces derniers, de les légitimer en se mariant ne peut, d'après les anciens principes consacrés par l'art. 3 du Code civil, dépendre que de la loi nationale.

Une fois admis que la légitimation est une question de statut personnel, et la loi Française ne reconnaissant d'autre mode de légitimation que le mariage subséquent, il s'ensuit que les autres modes reconnus par les lois étrangères ne peuvent pas conférer valablement à un enfant naturel les qualités et droits des enfants légitimes.

Jugé ainsi que les droits et qualités d'enfant légitime, conférés à un Français, et contre le vœu des lois françaises par un ukase de l'empereur de Russie, ne laissaient pas moins subsister la bâtardise aux yeux des tribunaux français (Paris, 11 février 1808, aff. Champeaux).

Puissance maritale.

III. Les droits et les devoirs respectifs des époux resteront les mêmes au-delà qu'en deçà des frontières, ainsi les art. 212, 213, 214, leur seront applicables. Du devoir de protection et d'obéissance, que le mariage établit entre les époux, il résulte que la femme ne peut avoir d'autre domicile que celui de son mari, et qu'elle est tenue d'habiter avec lui partout où il jugera à propos de résider ; par conséquent, même en pays étranger. A la vérité il n'en était pas ainsi dans notre ancien droit « pourvu, dit Pothier, que ce ne, soit pas néanmoins hors du royaume » (*Du Contrat de mariage*, n° 352 ; *de la Puissance du mari*, n° 1).

Le projet de Code portait la disposition suivante : « Si le mari voulait quitter le sol de la République, il ne pourrait contraindre sa femme à le suivre, si ce n'est dans le cas où il serait chargé d'une mission à l'étranger, exigeant résidence (Locré, *Législ. civile*, t. 4, p. 393).

M. Réal observe que le projet de rédaction portait d'abord, *le sol continental ou colonial de la République.* Les tribunaux ayant demandé la suppression de ces mots, la section a adopté cette suppression, parce qu'un Français peut être appelé dans les colonies pour ses affaires, et qu'alors il doit lui être permis, disait M. Regnaud de Saint-Jean d'Angely, de forcer sa femme à le suivre, attendu qu'il peut voir des inconvénients à la laisser éloignée de lui.

Le premier consul dit que l'obligation où est la femme de suivre son mari est générale et absolue.

Cependant, répond M. Emery, cette obligation ne doit pas aller jusqu'à suivre le mari à l'étranger.

Sans doute, reprend M. Regnaud, le mari n'a pas le droit de faire de sa femme une étrangère, mais il ne doit pas être forcé de s'en séparer, lorsque ses affaires le conduisent hors du territoire français.

Le premier consul réplique que l'obligation de la femme ne doit recevoir aucune modification, et que la femme est obligée de suivre son mari, toutes les fois qu'il l'exige.

Sur cette observation, la disposition ci-dessus fut retranchée (Locré, *Législ. civile.* t. 4, p. 393 et suiv.).

L'article, ainsi réduit à ces termes absolus, doit donc être entendu sans restriction, la circonstance que le mari veut se rendre en pays étranger, est indifférente (Toullier, t. 2, n° 616; Duranton, t. 2, n° 435; Zachariæ, t. 3, p. 320; Demolombe, t. 4, n° 90).

Proudhon excepte avec raison le cas où l'émigration

serait défendue par les lois politiques (t. 1, p. 453); car il est bien clair que la loi ne va pas jusqu'à imposer à la femme, le devoir de se rendre complice d'un fait qu'elle prohiberait elle-même. La femme ne pourrait pas se soustraire à l'obligation de suivre son mari, en alléguant que l'air du pays dans lequel il veut la conduire est contraire à sa santé, qu'il y règne des maladies contagieuses. Telle est du moins la règle générale suivant Pothier, *Contrat de mariage*, n° 389; M. Demolombe (t. 3, n° 93). Ce dernier auteur pense toutefois que cette règle ne serait pas sans exception, s'il était bien prouvé que la femme ne peut suivre son mari sans danger, ou du moins sans une sérieuse souffrance, si surtout ce mari voulait aller chercher fortune au loin, dans les Iles par exemple, il croit que les magistrats pourraient, à raison des circonstances la dispenser, momentanément du moins, de faire un tel voyage.

Autorisation maritale capacité. de la femme mariée.

De tous les effets de la puissance maritale, il n'en est pas de plus remarquable que l'incapacité pour la femme de contracter, de plaider sans autorisation. L'état de la femme en tant que capable, ou incapable de s'obliger, d'aliéner d'ester en justice sans l'autorisation du mari est évidemment une question de statut personnel.

Le caractère de personnalité du statut de l'autorisation maritale, était reconnu dans l'ancien droit par la grande majorité des auteurs.

Nous lisons dans Burgundus : « Ut sciamus an uxor
« in potestate sit mariti necne, qua ætate minor contra-
« here possit necne et ejusmodi, respicere oportet ad
« legem cujusque domicilii : hæc enim imponit qualita-
« tem personæ, atque adeo naturam ejus afficit, ut,
« quocumque terrarum translatura incapacitatem domi,
« ademptam, *non aliter quam cicatricem incorpore* foras
« circumferat. »

Ce caractère n'ayant pas changé dans notre Code,
ce sera la loi française qui réglera à l'étranger la capacité de la femme mariée, et déterminera les conditions
sous lesquelles elle peut s'obliger.

Ainsi la femme d'un Français ne pourra aliéner, s'obliger, donner, hypothèquer, acquérir à titre gratuit, ou à
titre onéreux sans l'autorisation de son mari ; de même
elle ne pourra être marchande publique sans cette même
autorisation. En un mot, elle devra respecter toutes les
dispositions du Code civil concernant l'autorisation
maritale, alors même qu'elle résiderait dans un pays
où ces conditions ne seraient pas exigées.

Par contre, elle pourra tester valablement, sans l'autorisation du mari, bien que la loi du pays où elle se
trouve ne lui reconnaisse pas cette faculté. Prenons encore un dernier exemple.

Le S. C. Velléien, qui interdit aux femmes *de inter-
cedere pro aliis*, est encore en vigueur en Espagne. Une
femme espagnole ne pourrait pas se porter caution
pour autrui ; cependant si la femme d'un Français, résidant en Espagne, y avait garanti la dette d'un tiers, son
obligation serait parfaitement valable aux yeux de la loi

française, si elle avait agi avec l'autorisation de son mari.

Puissance paternelle.

La puissance paternelle est dans l'homme un état proprement dit, une condition véritable ; aussi l'on ne peut douter que la loi qui l'admet ou la rejette ne soit un statut personnel, et ne s'étende au-delà du territoire (Merlin, *Répert.*, v° *Puiss. pat.* 4 et 6). Ce sera donc la loi française qui réglera à l'étranger la puissance du père en ce qui concerne les enfants ; sur ce point il n'y a aucun doute ; c'est elle qui déterminera pendant combien de temps le fils doit se trouver sous la puissance de son père, à quel âge arrivera la majorité, à quel âge pourra se faire l'émancipation, à quel âge il pourra valablement contracter mariage sans autorisation, etc.

Mais en est-il de même des effets utiles qui résultent de la puissance paternelle ou doit-on au contraire les regarder comme des statuts réels, et en conséquence les faire dépendre des lois de la situation des biens.

Il y avait dans l'ancien droit une vive controverse sur le point de savoir si le père, domicilié dans le ressort d'une coutume, qui n'admettait pas la puissance paternelle, pouvait malgré cela, réclamer l'usufruit sur les biens de ses enfants, situés dans un pays où cette puissance était admise, et réciproquement si le père, domicilié dans un pays de la dernière espèce, pouvait exercer son usufruit même sur des biens situés dans le ressort d'une coutume qui n'admettait pas la puissance paternelle.

D'après le président Bouhier, tous les effets de la puissance paternelle forment des statuts personnels, par la raison que l'accessoire doit toujours suivre la nature du principal ; et il cite à l'appui de son sentiment un arrêt du 7 mai 1653, rendu à la grand' chambre du Parlement de Paris, arrêt qui juge que le statut de la puissance paternelle s'étend hors du territoire de la coutume, même par rapport à ses effets pécuniaires et purement utiles.

Boullenois, au contraire, dans la vingtième de ses questions mixtes, prétend qu'on ne doit considérer à cet égard que la loi de la situation, parce que, dit-il, ces effets, quoique dérivant d'une cause personnelle, sont absolument réels. Il ajoute qu'il en a été ainsi jugé par un arrêt célèbre du 5 septembre 1695, qui a donné au sieur Bence l'usufruit des biens échus à ses enfants en pays de droit écrit, quoiqu'il eût été marié à Paris, qu'il y fût domicilié, que ses enfants y fussent nés, que sa femme y fût morte.

Dans le même sens, Roland, Bretonnière, Rodenburg, arrêt de notoriété du Châtelet de Paris du 13 janvier 1701.

La même controverse s'est élevée sous l'empire du Code sur les questions analogues que soulève l'art. 384. Proudhon (I, p. 91); M. Troplong (*Des hypothèques,* II, 429), enseignent sans hésitation que la disposition de cet article est un statut réel. M. Foelix (n⁰ˢ 36 et 43, *Droit international privé*) se prononce également dans ce sens. Selon lui, toutefois, l'usufruit paternel ne pourrait être exercé sur des biens situés en pays étranger, qu'autant que la loi nationale

des parties concourrait avec celle de la situation des biens
à l'établissement de cet usufruit. M. Demangeat (sur
Foelix, v° 82) considère au contraire l'usufruit paternel
comme dépendant du statut personnel, mais il paraît,
ainsi que l'auteur précédent, exiger le concours de la loi
de la situation des biens avec celle du domicile.

M. Demolombe (I, v° 88) se prononce franchement
pour la personnalité du statut, et nous nous rangeons
complètement à sa manière de voir. Sans doute, sous un
certain rapport, il paraît difficile de ne pas reconnaître
que l'usufruit paternel appartient au statut réel ; cette
attribution, cette disposition de biens faite ainsi par la
loi elle-même sans le fait du propriétaire, est, comme le
remarque M. Proudhon (I, p. 91), un des signes carac-
téristiques de la loi réelle ; cet attribut a certainement
un caractère de *réalité*. Mais il ne constitue pas une
disposition distincte, principale, essentielle ; il n'est au
contraire qu'une dépendance et un accessoire de la loi
personnelle ; la loi sur la puissance paternelle est, de
l'aveu de tous, une loi personnelle, et la puissance paternelle est l'ensemble des prérogatives accordées au
père sur la personne et sur les biens. (Cass., 13 mars
1816. Sirey, 1816, 1, 425. Cass., 11 mai 1819. Sirey,
1819, 1, 446.)

Mais peut-être nous objectera-t-on que l'empire de la loi
française s'arrête aux limites du territoire, et que le législateur français n'a pu soumettre à ses prescriptions des
biens situés en pays étranger. Remarquons bien que nous
ne soutenons pas que le juge étranger, en cas de contestation quelconque entre le père et l'enfant, doive appliquer l'art. 384, mais nous pensons que s'il s'élevait

7

devant les tribunaux français, à l'occasion d'une demande en reddition de compte formée par ce dernier, une contestation sur le point de savoir si le père peut ou non retenir, en vertu de son droit d'usufruit, le revenu d'immeubles situés en pays étranger, le juge pourrait et devrait décider la contestation dans le sens de la loi française, encore que la loi étrangère n'admette pas l'usufruit paternel.

Régime matrimonial.

Nous savons qu'en France, lorsque les parties n'ont pas fait de contrat de mariage, c'est la loi qui régit leur association quant aux biens ; les époux sont censés avoir adopté le régime de communauté, qui est en France le régime de droit commun. Mais cette loi n'est généralement pas admise dans les pays avec lesquels les Français ont le plus de rapports.

Qu'arrivera-t-il donc si le mariage a lieu sans contrat en pays étranger ?

Pour résoudre cette question, nous allons examiner quel est le caractère de la loi qui établit en France la communauté légale, à défaut de stipulations expresses.

Cette question se présentait souvent dans notre ancien droit ; lorsque les futurs époux avaient des biens situés dans des localités soumises à des coutumes différentes.

Il s'agissait de savoir si les époux, qui se mariaient sous la coutume de Paris, étaient communs, non-seulement pour les biens situés dans l'enclave de la coutume, mais encore quant à ceux de leurs biens situés dans le ressort d'autres coutumes, qui n'établissaient pas la communauté légale.

Suivant d'Argentré (Cout. de Bretagne, art. 218, glose 6, v° 33), il y avait là une question de statut réel. C'est la loi qui impose la communauté, or la loi est un statut local qui n'a d'effet que dans l'intérieur de la coutume. Il s'en suivait qu'il y avait autant de statuts matrimoniaux divers pour un même mariage, qu'il y avait de coutumes régissant les biens des époux. — Dumoulin (Cons. § 53), Pothier (traité de la communauté, v° 10) professaient le système contraire.

D'après ces auteurs, ce n'est pas la loi qui est la cause immédiate de la communauté légale; la cause immédiate, c'est la volonté des parties, leur convention tacite.

Pothier nous dit : « Ce n'est pas, comme l'observe Dumoulin, la loi qui est la cause immédiate de la communauté dite légale, elle n'est pas formée *vi ipsius consuetudinis immediate et in se*. La cause est une convention virtuelle et implicite, par laquelle les parties, en se mariant, sont censées être tacitement convenues d'une communauté de biens, telle qu'elle est établie par la coutume du lieu du domicile, suivant ce principe de droit : « *In contractibus tacite veniunt ea quæ sunt moris et consuetudinis* (Loi 31, § 20 *De eod. edict.*).

La loi en décrétant la communauté ne forme pas un précepte; elle n'ordonne pas, elle déclare seulement que l'usage est que les époux sont censés être convenus d'être communs en biens. »

« D'où il suit, continue le même auteur, que cette loi ne constitue pas un statut réel, qui ait pour objet immédiat de régler les choses qui doivent entrer dans la communauté, c'est plutôt un statut personnel, puisqu'il a pour objet immédiat de régler les conventions que les époux sont censés avoir eues sur la communauté de biens.

Dumoulin avait dit avant Pothier : « Quando consue- tudo inest contractui, non inest tanquam lex publica, sive tanquam jus ipsum consuetudinarium, nec per modum legis, consuetudinis, vel statut juris, publici, sed tanquam pars contractus, et lex privata, et con- ventionalis a contrahentibus volita, inducta et dispo- sita. »

Du moment qu'on admettait avec Dumoulin et Po- thier que la coutume opérait *non in vim legis, sed in vim pacti*, elle devait franchir les limites du territoire pari- sien, et le régime de communauté s'étendait sur les biens situés dans le ressort des coutumes où la communauté n'était pas pratiquée.

Le système de Dumoulin et de Pothier triompha dans notre ancien droit; le parlement de Paris était tellement ferme dans la jurisprudence favorable au pacte tacite de la communauté, qu'elle ne trouvait plus de contra- dicteurs.

Les rédacteurs du Code Napoléon ont certainement admis, après Pothier et Dumoulin, l'idée d'une conven- tion tacite ; la loi qui proclame tout d'abord qu'elle ne régit l'association conjugale quant aux biens, qu'à dé- faut de conventions spéciales, que les époux peuvent faire, comme ils le jugent à propos (art. 1387), est bien évidemment une loi interprétative de la volonté des parties.

On ne comprendrait guère d'ailleurs qu'une action en réduction pût être exercée contre celui des époux qui s'est enrichi aux dépens de l'autre par suite de la communauté (1496), si cette communauté venait de la loi elle-même, et non de la volonté des parties.

Maintenant que nous avons reconnu le caractère de la loi qui règle les conventions matrimoniales, à défaut de stipulations expresses, nous avons à nous demander quelle sera la loi applicable, la loi française, ou la loi étrangère?

C'est une question d'intention, qui se résout par cette formule :

L'association conjugale quant aux biens est régie par la loi du domicile matrimonial, et le domicile matrimonial est au lieu où le mari, lors du mariage, avait l'intention de fixer son domicile, et où il l'a réellement fixé depuis. Ainsi on n'a égard ni au domicile d'origine du mari ni au lieu de la célébration. La règle *locus regit actum* ne s'applique qu'à la forme des actes. On n'a pas égard non plus au domicile de la femme, qui, par l'effet du mariage, doit suivre la condition du mari. Ces principes étaient universellement admis par nos anciens auteurs; Pothier notamment (*De la communauté*, nº 12 et suiv.) enseignait que, dans ce cas, la loi qui devait régir le régime matrimonial quant aux biens était celle du domicile matrimonial, parce que, disait-il, telle était l'intention présumée des parties, et qu'en cette matière les lois ont principalement pour objet de suppléer le silence des contractants.

C'est encore la doctrine que nous devons suivre aujourd'hui, la raison de décider est la même; c'est toujours une question d'interprétation de volonté (MM. Duranton, t. XIV, nº 83 à 88 ; Zachariæ, t. III, p. 418 ; Rodière et Pont, t. I, nºˢ 33, 34)

DES TESTAMENTS EN PAYS ÉTRANGER.

Les lois qui confèrent aux membres d'une nation le pouvoir de disposer de leurs biens par testament sont des lois personnelles et de capacité qui les suivent partout, même en pays étranger. Ainsi la femme française pourra tester sans l'autorisation de son mari, lors même qu'elle se trouve dans un pays où l'autorisation maritale est exigible. De même, sera valable, le testament fait par un Français, majeur de seize ans, mineur de vingt-et-un ans (904), lors même que dans le pays où il se trouve la loi requiert un âge plus avancé.

Quant aux questions de disponibilité, elles appartiennent au statut réel. Aucune difficulté, si tous les biens sont situés en France ou à l'étranger; mais la question devient plus délicate, lorsque le Français possède des immeubles à la fois en France et à l'étranger.

Lorsqu'un Français possesseur d'immeubles, tant en France qu'en pays étranger, ne dispose que des biens situés en pays étranger, au profit d'un de ses enfants, la quotité disponible doit-elle être réglée par la loi française, qui est celle de tous les cohéritiers, ou bien par la loi étrangère ?

L'espèce suivante s'est présentée devant la cour de Bastia. Le sieur Mercantoni père avait légué par préciput à son fils aîné tous les biens qu'il possédait à Livourne ; ses autres enfants tous Français prétendaient que le legs fût réduit à la quotité disponible réglée par l'art. 913 du Code civil, et non par la loi toscane, qu'on ne fît en un mot des biens situés en France et de ceux situés à Livournes qu'une seule masse, qu'une seule succession à partager, conformément à la loi française ; qu'en conséquence, ils fussent autorisés à prélever sur les biens situés en France une portion égale à la valeur des biens situés en Toscane, dont ils pourraient se trouver exclus par la loi de ce pays, en vertu du testament. Les demandeurs s'appuyaient sur les paroles prononcées par M. le baron Pasquier, rapporteur de la loi de 1819 ; l'orateur disait que si les Français étaient copropriétaires par droit de succession, en France et à l'étranger, il se ferait une masse du tout, et que le partage s'opérerait suivant les lois françaises (Locré, *Législ. comm.*, t. 10, p. 572). La cour consacra ce système par un arrêt du 25 mars 1833 (Sirey, 1834. 2. 317).

Nous pensons que ce système n'est pas fondé ; de même qu'aux termes de l'art. 3 du Code civil, les immeubles possédés en France par des étrangers sont régis par la loi française ; de même les biens possédés en pays étrangers par des Français doivent être régis par la loi du pays de leur situation ; une seule exception existe dans nos lois, savoir dans le cas de partage entre cohéritiers français et étrangers, l'art. 2 de la loi du 14 juillet 1819 veut qu'alors les cohéritiers prélèvent sur les biens situés en France une portion égale à la valeur des biens situés en pays étranger, dont ils seraient exclus en vertu des lois et coutumes locales. Mais cette disposition est inapplicable à l'espèce, puisque tous les cohéritiers sont Français.

Nous pouvons citer à l'appui de cette seconde opinion le discours prononcé par le garde des sceaux, en présentant la loi de 1819 (Locré, *Législ. civil comm.*, t. 10, p. 503). Il déclara, en exposant les motifs de cette loi, que si tous les cohéritiers étaient Français, il importait peu que l'un perdît à l'étranger ce que l'autre y gagnait, que la règle commune reprendrait alors son empire, mais qu'on ne pouvait avoir la même indifférence pour les avantages d'un étranger sur ces Français.

Nous pensons, avec M. Demolombe, que dans une telle situation il faut s'en tenir à l'application des principes généraux ; chaque statut réel régira séparément la transmission des immeubles soumis à son empire.

De la forme des testaments.

L'art. 999 du Code Napoléon accorde au Français qui veut faire un testament en pays étranger, deux façons de faire constater ses dernières volontés. Il est ainsi conçu :

Art. 999. « Un Français, qui se trouve en pays étranger, pourra faire ses dispositions testamentaires par acte sous signature privée, ainsi qu'il e... prescrit par l'art. 970, ou par acte authentique, avec les formes usitées dans le lieu où cet acte sera passé.

Nous verrons plus loin qu'il existe pour le Français une troisième forme de testament, le testament par acte public, et d'après les formes françaises, devant le chancelier du consulat.

I. Les Français peuvent à l'étranger faire leur testament par acte authentique suivant les formes qui y sont usitées. Cette disposition de l'art. 999 est l'application de la règle *locus regit actum*. Dans notre ancien droit, la question de l'application de la maxime *locus regit actum* aux testaments s'était présentée; Bartole adoptait l'affirmative, Albert de Rosate la négative, sur le motif que la loi n'oblige que les sujets, et que ceux-ci seuls ont le droit d'employer une forme prescrite.

Plus tard Cujas a soutenu qu'il fallait suivre la loi du domicile du testateur. Fachinée exigeait l'accomplissement des formalités prescrites dans le lieu de la situation des biens. Burgundus, tout en admettant la règle *locus regit actum* relativement aux contrats, la rejette quant aux testaments; il regarde comme affectant les choses et dépendant des lois réelles les solennités prescrites pour les testaments et il invoque l'édit de 1611 rendu pour les Pays-Bas (art. 12). Choppin, au contraire, soutient que le testament fait en pays étranger, d'après les formes prescrites dans le lieu de la confection, doit sortir ses effets, même à l'égard des immeubles situés dans un autre lieu, et il rapporte un arrêt du Parlement de Paris rendu en ce sens.

Dumoulin (Cons. 53) Pothier (*donat. test.* chef. 1, art. 2, 5) professent la même doctrine.

Il nous faut cependant remarquer que nous ne trouvons pas dans l'art. 999 une application pure et simple de la maxime *locus regit actum* ; en effet, nous y trouvons une restriction dans ces mots « *en la forme authentique.* » C'est d'ailleurs une question très-controversée que celle de savoir le sens exact qu'il faut donner à cette expression : trois opinions se sont produites.

Dans une première opinion, pour comprendre toute la portée de l'art. 999, il faut le combiner avec l'art. 1317 « l'acte authentique est celui qui a été reçu par un officier public compétent, ayant le droit d'instrumenter dans le lieu où l'acte a été rédigé, et avec les solennités requises. » Ainsi, ce qui est particulièrement indispensable pour la validité du testament fait en pays étranger, c'est la présence d'un officier public du pays, capable de le recevoir et de lui conférer l'authenticité (tribunal civil de Rouen, 17 décembre 1839, de Bonneval, Sirey, 1840, t. II, § 5, 515).

Dans un second système, on ne tient pas compte de ces mots *par acte authentique*, on ne veut y voir qu'une opposition à cette autre expression « *en la forme olographe* ». La loi a voulu dire simplement que le Français peut à l'étranger tester en la forme olographe, ou en toute autre forme usitée dans le pays où il teste. Ce second système est l'application pure et simple de la maxime « *locus regit actum* » ; le Français peut manifester ses dernières volontés, dans les formes usités dans le pays où il se trouve, quelles que soient d'ailleurs ces formes, authentiques, ou sous signature privée (MM. Mourlon, t. II, p. 351, Colmet de Santerre, t. IV, p. 188, Marcadé, art. 999, Demolombe, t. IV, n° 473).

Ces deux opinions nous semblent bien absolues ; nous ne pouvons adopter la première, nous ne la croyons pas conforme à l'intention du législateur : la condition inflexible de l'officier public peut être impraticable dans les pays, où, comme en Angleterre, il n'y a pas d'officiers publics préposés à la réception des testaments : cette opinion, si elle était admise, mettrait dans certains pays le Français, qui ne sait pas écrire, et qui, par suite, est incapable de tester en la forme olographe, dans l'impossibilité de manifester ses dernières volontés.

Le second système a quelque chose de très-séduisant, nous le reconnaissons ; il donne application pleine et entière à la maxime « *locus regit actum* ». Il sera d'une utilité incontestable dans les pays où l'on ne connaît pas de modes solennels de tester. Malgré ces avantages, nous n'osons cependant pas nous y ranger. Il nous paraît difficile de croire qu'en insérant ces mots « *en la forme authentique* » le législateur n'ait voulu faire qu'une simple antithèse avec l'expression « sous-seing privé. » Nous croyons que, tout en permettant aux Français de faire leur testament suivant les lois du pays où ils se trouvent, il ne leur laisse cependant pas la faculté d'adopter toutes les formes de tester qui pourraient y être usitées ; il a voulu que ces formes offrissent des garanties de certitude, de liberté, garanties pour lesquelles il a voulu que le Français manifestât ses dernières volontés par acte authentique.

Du reste, pour déterminer ce que l'on doit entendre par ces mots, nous croyons qu'il faut s'en référer, non pas à l'art. 1317, mais consulter les lois du pays où le testament a été fait. La présence d'un officier public n'est pas indispensable (Aubry et Rau, V, p. 485 ; Troplong, III, nᵒˢ 1734, 1735; Coin-Delisle, art. 999, nᵒ 7). De ce que c'est la loi étrangère qui doit être consultée, il s'ensuit que si le testament a été fait à l'étranger, son authenticité n'est soumise qu'aux conditions prescrites par la loi étrangère. Faisons quelques applications de ce troisième système.

La législation anglaise n'exige point le ministère d'officiers publics pour la rédaction des testaments ; il suffit que ces actes soient signés par le testateur et par deux témoins au moins, qui auront assisté à la signature du testateur (stat. I, Vict. cap. 26, sect. 9). Après la mort de ce dernier les témoins viennent déclarer devant la Cour Ecclésiastique qu'ils l'ont entendu manifester ses dernières volontés ; et, par cette déclaration, ils font ce qu'on appelle *la preuve* du testament. Il a été décidé, et avec raison, que le testament d'un Français fait en Angleterre, et dont la preuve a été ainsi établie par les dépositions des témoins, est valable dans la forme (arrêt de la Cour royale de Rouen, cass., 6 fév. 1849. — Bonneval, Sirey, 1843. t. 209). — Un arrêt de la Cour de Pau, du 26 juillet 1853 (Sirey, 53. 2. 571), a déclaré valable le testament d'un Français fait à la Louisiane conformément à la loi de ce pays, c'est-à-dire, écrit d'une main étrangère, et revêtu de la signature du testateur apposée en la présence de cinq témoins (C. de la Louisiane, art. 1570).—Cet arrêt a été confirmé par la Cour de cassation (3 juill. 1854. Sirey, 54. 1. 417).

De même, un Français peut tester en pays étranger en la forme mystique, lorsque, dans le pays où le testament a été fait (la Sardaigne dans l'espèce), cette forme est une de celles qui confèrent aux testaments le caractère de l'authenticité (Req. rej., 28 fév. 1854, aff. Lévis Mirepoix ; Sirey. 54. 1. 544).

Un dernier exemple nous est offert dans un testament nuncupatif, fait en Hongrie, devant un juge des nobles et un assesseur juré, conformément à l'ordonnance de Presbourg. Ce testament doit être considéré, en France, comme ayant le caractère authentique dans le sens de l'art. 999 C. Nap. (Req. rej., 30 nov. 1831. — Sirey, 32. 1. 51).

Pour connaître la loi d'après laquelle la validité du testament fait à l'étranger doit être appliqué, il faut que le lieu où il a été fait soit indiqué. Si la mention n'est pas expresse, on peut, pour en fixer le lieu, en faire la recherche dans les différentes énonciations du testament. Ainsi la cour de cassation, dans son rejet du 6 février 1843, aff. Bonneval (Sirey 43. 1. 209), a jugé qu'à défaut de mention expresse, les tribunaux ont pu conclure qu'un testament avait été rédigé en Angleterre, des circonstances suivantes : 1° que l'acte est rédigé en anglais ; 2° qu'il est signé, scellé, publié en présence de quatre témoins anglais ; 3° que dans le legs d'une maison située à Londres, le testateur la désigne comme étant celle où il réside habituellement.

Voici encore une conséquence des mêmes principes, quoique le testament doive émaner directement, et sans intermédiaire de la personne du testateur, ce qui a fait proscrire les dispositions par signes ou sur l'interrogation d'autrui ; on sent que cette règle subit une modification nécessaire dans le cas où un Français veut user de la faculté que l'art. 999 lui accorde de tester en pays

étranger, dans la forme usitée en ce pays; si l'officier
public compétent ne comprend pas le français, l'admission d'un interprète devient indispensable. En effet il a
été jugé que cette circonstance ne serait pas une cause
de nullité (Paris 23 décembre 1818).

Testament en la forme olographe.

Art. 999. « Un Français, qui se trouvera en pays étranger, pourra faire ses dispositions testamentaires par acte sous signature privée, ainsi qu'il est prescrit en l'article 970. »

Cette disposition est très-conforme à l'intérêt des Français qui se trouvent en pays étranger ; c'est pour eux un précieux avantage de pouvoir écrire eux-mêmes leurs dernières volontés, sans être obligés de recourir à des formes étrangères, qu'ils ne connaissent peut-être pas. Aussi cette faculté leur est-elle accordée non-seulement lorsque la loi du pays où ils se trouvent admet le testament olographe, mais encore lors même que cette loi ne l'admettrait pas. Toutefois dans les deux cas, il est obligé de suivre les formes tracées par la loi française. — Ainsi il faut que le testament soit écrit en entier, daté et signé de la main du testateur. Au contraire, il n'est tenu que de se conformer à la loi du pays où il se trouve, s'il fait un testament dans une autre forme.

Cette disposition de l'art. 999 est une innovation sur la jurisprudence qui avait prévalu en France dans notre ancien droit.

Le président Bouhier (Cout. de Bourgogne, chap. 28) Boullenois (Traité des statuts 2ᵉ partie du titre 2, obs. 34), et Ricard lui-même (Don mutuel v° 807), après avoir d'abord enseigné le contraire (Donat. I, v° 286), prétendaient que la règle *locus regit actum* ne devait s'appliquer qu'aux actes publics, et n'était d'aucun effet pour les actes privés ; le testateur, disait Ricard, est « le seul ministre de ses dispositions. — Il tient de la loi municipale la capacité de tester et la volonté nécessaire pour imprimer la solennité à sa volonté ; ce caractère est comme inhérent à sa personne, il peut exercer partout où il se trouve, parce qu'il en est partout accompagné. »

Cette distinction entre les actes publics et les actes sous seing privé était évidemment arbitraire, alors qu'aucun texte légal ne l'établissait ; aussi cette opinion était-elle généralement repoussée dans notre ancien Droit. — La jurisprudence et la majorité des auteurs décidaient que la validité ou la nullité du testament olographe dépendait uniquement du point de savoir, s'il était permis ou défendu, non pas dans le pays auquel appartenait le testateur, mais dans le pays où l'acte avait été écrit. Le fondement de cette manière de voir était la stricte application de la maxime « *locus regit actum ;* » on suivait la règle tracée par Dumoulin (Consult. § 3). « *Est omnium doctorum sententia ubicumque consuetudo vel statutum locale disponit de solemnitate vel forma actus, ligari etiam exteros ibi actum illud gerentes.* » Parmi les partisans de cette seconde opinion, nous trouvons encore Furgole, chap. 2, sect. 2. — Pothier, *Donat. test.*, chap. 1, art. 21, § 1. — Ordonnance de 1735 (art. 29, 32, 35 et 37 combinés). Acte de notoriété du Châtelet du 13 sept. 1702.

Par arrêt du 15 juillet 1777, il fut décidé au parlement de Paris, qu'un testament olographe fait à Paris par l'évêque de Valence était valable, quoique le défunt eût été de son vivant domicilié en pays de droit écrit.

Par arrêt du 25 janvier 1721 le parlement de Paris annula le testament de M. de Pommereuil, qui avait été fait en la forme olographe à Douai, où cette forme de disposer n'était pas admise ; vainement opposait-on que le testateur était de son vivant domicilié à Paris, où la coutume autorisait la forme olographe. De même encore un autre arrêt du parlement de Paris du 14 juillet 1722 annula le testament d'un Parisien fait en la forme olographe à Rome, où cette forme n'était pas admise.

Par arrêt de rejet de la cour de cassation du 28 prairial an XIII, le testament que M. Brunel, membre de la Convention, domicilié à Beziers, avait fait à la Conciergerie de Paris en la forme olographe le 15 brumaire an II fut déclaré valable.

Enfin un arrêt de cassation du 20 août 1806 déclara nul le testament fait à Bordeaux, en la forme olographe, par un marchand de Paris : Bordeaux, pays de droit écrit, ne reconnaissant pas la forme olographe.

Quel est le caractère de cette faculté accordée aux Français de tester en la forme olographe, même dans les pays où cette forme de testament n'est pas admise ?

Dans une première opinion, le code Napoléon, par l'art. 909, a tranché l'ancienne controverse en ce sens qu'il a considéré comme un statut personnel la loi qui accorde au Français la faculté de tester en la forme olographe, loi qui le suit par conséquent en pays étranger ; le code aurait consacré l'idée de Boullenois, Bouhier, de Ricard, et restreint aux testaments publics l'effet de la règle *locus regit actum*.

Dans cette opinion, l'étranger dont la loi nationale n'admet pas la forme olographe ne peut pas tester en France en cette forme (Grenier, II, n° 280 ; Marcadé, art. 999, n°° 1, 2 ; Demante, II, 368 ; Delvincourt, 4).

Cette doctrine, qui était autrefois celle de la majorité des auteurs, ne compte plus aujourd'hui que de rares partisans. Nous pensons avec M. Demolombe (*des Donat.*, t. 4, n° 483) que la faculté donnée aux Français par l'art. 999 n'est pas du statut personnel ; c'est une pure extension de la loi ; une exception de faveur que le législateur a faite pour les Français, afin de leur donner le plus de moyens possibles de faire leur testament en pays étranger. Les auteurs du Code n'ont pas méconnu le vrai caractère de la loi qui autorise cette forme de tester. Cette loi n'est pas personnelle ; car elle ne régit ni l'état ni la capacité du testateur, elle ne dit pas s'il pourra ou ne pourra pas tester, mais seulement de quelle manière il le pourra. Son but unique est de régler la forme de l'acte, et par conséquent elle appartient à cet ordre de lois, dont on a dit : *locus regit actum*. (Troplong, III, °1736. Aubry et Rau, I, p. 267. Colmet de Santerre, t. 4, n° 128 *bis;* Cass. 25 août 1847. Sirey, 1847, 1, 742. Grenoble, 25 août 1848. Sirey, 1849, 2, 257.)

Ainsi donc un étranger, qui se trouve en France, peut y tester dans la forme olographe, bien que la loi de son pays n'admette pas cette forme, et que l'exécution de son testament doive être ordonnée par les tribunaux français ; mais il faut alors que les perscriptions requises par le Code pour la validité du testament olographe, aient été fidèlement observées, à peine de nullité. Cassat., 9 mars 1839. (*Journal du Palais*, 1853, 2, 180). Arrêt de la Cour de Paris, 21 juin 1850. (*Journal du Palais*, 1850, 2, p. 187.)

Le testament, fait par un Français en pays étranger, avec les formes usitées dans le pays reste valable, malgré le retour du testateur en France, et à quelque époque qu'il vienne à décéder. Nous ne trouvons en effet relativement à ces testaments aucune disposition semblable à celle des art. 984, 987, 996.

Toutefois l'art. 1000 dispose que « les testaments faits en pays étranger ne pourront être exécutés sur les biens de France, qu'après avoir été enregistrés au bureau du domicile du testateur s'il en a conservé un, sinon au bureau de son dernier domicile connu en France, et dans le cas où le testament contiendrait des dispositions d'immeubles qui y seraient situés, il devra, en outre être enregistré au bureau de la situation des immeubles, sans qu'il puisse être exigé un double droit. »

Ces formalités ne sont point nécessaires pour la validité intrinsèque du testament; elles ne sont requises que pour qu'il puisse être mis à exécution. Il n'y a point délai fixé pour l'enregistrement ordonné, d'où il faut conclure, avec M. Marcadé, qu'on est toujours à temps de le requérir quand on veut poursuivre l'exécution de l'acte.

Testament reçu par le chancelier du Consulat. — Les consuls sont à la fois agents des relations commerciales, officiers de l'état civil de leurs nationaux, juges de leurs contestations. Il leur est adjoint des officiers, qui, sous le titre de chanceliers, remplissent les fonctions de secrétaire, de greffier, de notaire, d'huissier même, et remplacent ainsi à l'égard de leurs nationaux le rôle des divers officiers ministériels qui, en France, exercent des fonctions séparées.

(Ordonnance de 1681, liv. 1, tit. 9.—Arrêt du Conseil du 3 mars 1781. — Ordonnance du 12 mars 1781, concernant les registres de l'état civil, et les actes de donations et de testament dans les échelles du Levant.)

L'ordonnance sur la marine de 1681 (livre I, titre 9, art. 24) conférait expressément à ces chanceliers le droit de recevoir les testaments, dans l'étendue du consulat, et ces testaments, reçus par le chancelier en présence du consul et de deux témoins et signés d'eux, étaient réputés solennels.

Quant à la valeur des testaments reçus en pays étranger il y avait une distinction à faire; l'étendue des pouvoirs des consuls était déterminée par les traités, et quand, dans les termes de ces pouvoirs, entrait nominativement le droit de recevoir les testaments, ils étaient alors exécutoires même dans la souveraineté étrangère, où ils avaient été faits. Quand ce droit n'était pas accordé par les traités, leur silence ne dépouillait pas le consul et son chancelier de cette attribution; le testament qu'ils avaient reçu avait exécution en France, comme émané d'une autorité française, mais demeurait sans force et exposé à être méconnu pour tous les biens situés en pays étranger.

Jusqu'au Code, aucun doute ne règne sur le droit attribué aux chanceliers de recevoir les testaments de leurs nationaux, mais depuis la question a été controversée. Le Code n'ayant pas reproduit cette disposition dans le chapitre que nous commentons, et qui contient une codification complète des testaments, on a douté de la capacité des chanceliers et des consuls pour la réception des testaments.

De bons esprits prenant l'art. 999 comme limitatif

ont soutenu qu'aucun officier français n'avait, hors du territoire français le droit de recevoir les testaments dés nationaux (Grenier, n° 280. Duranton, IX, n° 160. Vazeille, 2° art 994). La loi du 30 ventôse an XII (21 mars 1804) porte que les ordonnances, règlements et coutumes cessent d'avoir force de loi générale ou particulière dans les matières qui sont l'objet du Code. En présence d'une disposition aussi expresse, les auteurs précités ont pensé que l'ordonnance de la marine de 1681 se trouvait formellement abrogée par l'art. 999 qui ne prescrit pour le Français que deux modes de tester en pays étranger.

C'est ce qu'a jugé le tribunal de la Seine au sujet du testament du général Dugommier, reçu le 10 thermidor an XIII à la chancellerie du Consulat d'Amsterdam. Ce jugemeut, en date du 19 mars 1825, a annulé le testament, par le motif que, n'étant dans aucune des formes prescrites par l'art. 999, il ne pouvait valoir ni comme testament olographe, ni comme testament solennel.

M. Troplong (III, p. 69) fait remarquer que la question est restée indécise sur l'appel, et que si ce jugement a été confirmé, c'est par des raisons qui n'ont pas trait à notre difficulté. L'appelant devant la Cour avait soutenu que le 10 thermidor an XIII, date de la réception du testament, le Bulletin des lois et la partie du Code Napoléon, concernant les donations et les testaments n'avaient point encore été transmis au consulat d'Amsterdam, qu'il n'y avait point eu, par conséquent, de promulgation de la disposition qui abrogeait l'ordonnance de 1681 ; qu'ainsi le chancelier du consulat n'ayant point cessé d'être investi des pouvoirs qui lui étaient conférés par l'ordonnance de 1681, avait pu recevoir valablement le testament du général Dugommier. C'est en se plaçant dans cette hypothèse, la plus favorable à l'appelant, que la Cour, sans entrer dans l'examen de la question de la capacité du chancelier, prononça par un autre moyen la nullité du testament. Elle se fonda sur ce que, bien que l'ordonnance exigeât la signature du consul à peine de nullité, le testament du général Dugommier n'était pas signé par ce fonctionnaire.

Cette manière de voir avait même été autorisée par une circulaire ministérielle du 2 novembre 1815, circulaire qui prescrivait aux chanceliers de consulat de s'abstenir provisoirement de recevoir les testaments. De plus, les Ordonnances générales faites en 1833 pour faciliter aux consuls l'exercice de leurs fonctions, ne parlaient en aucun endroit du pouvoir de recevoir les testaments.

Néanmoins cette manière d'entendre le Code civil nous paraît étroite, contraire à son esprit, et étrangère à l'objet qu'il s'est proposé ; refuser aux chanceliers de consulat le droit de recevoir les testaments des Français, c'est dans certains pays, comme le Levant, la Barbarie, enlever la faculté de tester à ceux qui ne savent pas écrire ; cette idée n'a pu échapper aux législateurs du Code, et en présence de considérations aussi puissantes, il est peu probable qu'ils aient voulu enlever aux chanceliers une compétence que leur attribuaient nos anciennes Ordonnances. Nous pensons donc que l'art. 999 n'est pas limitatif et que les chanceliers ont toujours conservé le droit de recevoir les testaments des Français dans l'étendue du consulat. Nous en trouvons une preuve dans le Code lui-même ; l'article 994 admet qu'il peut exister sur une terre étrangère un officier public français, compétent pour recevoir les testaments des Français, et cet officier ne peut être que le chancelier du consulat.

On nous objecte que l'art. 48 permet aux Français de faire dresser par les consul les actes de leur état civil, d'où l'on conclut que si le Code avait voulu leur conférer compétence pour les testaments, il s'en serait exprimé aussi explicitement.

La réponse est facile ; dans l'ancien droit les consuls n'avaient jamais reçu les actes de l'état civil, qui étaient confiés au clergé, tandis qu'il n'en était pas ainsi pour les testaments, que le chancelier de consulat avait toujours reçus.

Cette doctrine compte aujourd'hui de nombreux partisans ; mais ils ne s'entendent pas sur la meilleure manière de la défendre.

D'après M. Marcadé (sur l'art. 999), l'ordonnance de 1681 a été abrogée par le Code, comme les autres lois relatives aux testaments ; le Code s'étant occupé du testament maritime (art. 988-998), il est clair que l'ordonnance de 1681 relative à ce même objet tombe sous le coup de l'art. 7 de la loi du 21 mars 1804.

Mais ce qui n'a point été abrogé, ce sont les provisions des chanceliers, les pouvoirs généraux que leur conféraient les lois de leur institution, pouvoirs qui leur attribuaient compétence pour remplir, entre autres fonctions, les fonctions de notaires dans l'étendue du consulat (édit de Versailles de 1778, ordonnance du 24 mars 1778, ordonnance du 3 mars 1781). Ces lois, organisant des règles à la fois de droit public et de droit des gens, sont relatives à des matières, dont le Code ne s'occupe pas, et par suite ne tombent pas sous le coup de la loi du 30 ventôse. Les chanceliers par cela seul qu'ils sont notaires, peuvent toujours recevoir les testaments, pourvu qu'ils suivent, non pas les règles que pourrait contenir l'ordonnance de la marine, mais celles du Code et celles des lois organiques du notariat (Cassat, 4 février 1863, Sirey, 63. 1. 200) ; Marcadé (art. 999, V° 4) ; Coin-Delisle, art. 999, v° 8-15 ; Merlin *répert.*, v° *testament* sect. II et III, v° 8).

D'autres auteurs soutiennent que l'ordonnance de 1681 n'a pas été abrogée ; le 22 mars 1834 une circulaire du ministre des affaires étrangères, concertée avec le garde des sceaux, a rapporté la décision de 1815, et donné ordre aux chanceliers de recevoir désormais les testaments des Français conformément à l'ordonnance de 1681, — Voici les motifs que le ministre donne de sa nouvelle manière de voir.

« ..... La circulaire ministérielle du 2 novembre 1815 doit être considérée comme non avenue. Elle ne se fonde en effet, pour inviter provisoirement les consuls à s'abstenir de prêter leur ministère en ce qui concerne les testaments, que sur l'art. 999 du Code civil, qui aurait établi une nouvelle forme pour la réception de ces actes à l'étranger, et sur l'art. 7 de la loi du 30 ventôse an XIII portant que les ordonnances, règlements et coutumes, cessent d'avoir force de loi générale ou particulière dans les matières qui font l'objet du Code civil. Or une plus mûre appréciation de ces deux dispositions a conduit à reconnaître, qu'en admettant que l'art. 999 du Code civil comprenne les testaments reçus par les chanceliers, ce ne peut être que pour les consacrer implicitement, puisqu'il dit qu'un Français pourra tester par acte authentique, avec les formes usitées dans le lieu où cet acte sera passé, et que la reception des testaments par les chanceliers des consulat était précisément une de ces formes usitées à l'époque où fut promulgué l'article 999.

« Qu'en supposant, au contraire, que ce même article ne concerne pas les testaments reçus par les chanceliers des consulats, l'art. 7 de la loi du 30 ventôse an XIII n'est pas alors applicable dans l'espèce, parce qu'il n'a trait qu'aux matières qui font l'objet du Code civil, etc. »

On peut objecter contre la première partie de ce dilemme que les mots de l'art. 999 : *avec les formes usitées dans le pays*, ne font que consacrer la règle : *locus regit actum*, et que cette règle n'est point faite pour les actes reçus par nos officiers publics en pays étranger, ainsi que la preuve en résulte des art. 47, 48, 170 (Dem., 4, *des Donat.*, p. 448; Duv. sur Toullier (3, v° 485, note b.)

Nous croyons avec M. Demolombe (4, *des Donat.*, v° 477) qu'il vaut mieux reconnaître que le législateur du Code n'a pas entendu s'occuper dans l'art. 999 de la compétence spéciale des chanceliers des consulats, qui forment un sujet à part autant de droit public, que de droit privé. — Que l'ordonnance de 1681 n'a pas été abrogée en ce qui concerne la compétence des chanceliers quant aux testaments; que par conséquent ils sont autorisés à les recevoir suivant les formes prescrites par ladite ordonnance (Zachariæ, Aubry et Rau, V, p. 485.—Troplong, III, v° 1738. —Massé et Vergé, III, p. 80.— Colmet de Santerre, IV, v° 138 *bis*, II).

Cependant, aux termes d'un arrêt de la Cour de cassation, du 4 février 1863, il y aurait une distinction à faire : nos consuls dans les échelles du Levant et de la Barbarie étant chargés d'une mission politique, et jouissant de l'immunité territoriale, il en résulterait que les chanceliers de consulats, institués notaires dans de telles circonstances, assument nécessairement toutes les obligations auxquelles sont astreints les notaires sur le sol français, et doivent se conformer aux prescriptions de la loi du 25 ventôse an XI (Sirey, 63. 1. 201).

Nous croyons que cette distinction n'est pas fondée ; selon nous, tous les chanceliers de consulat, peu importe le pays où ils se trouvent, doivent, pour recevoir les testaments, se conformer à l'ordonnance de 1681. L'exterritorialité est une fiction légale qui a pour but de protéger l'inviolabilité de nos agents à l'étranger ; or, une fiction ne doit pas être étendue au delà du but pour lequel elle a été créée, et nous cherchons vainement en quoi cela pourrait protéger l'inviolabilité de nos agents, que le chancelier reçoive les actes de ses nationaux suivant les formes de l'ordonnance de 1681, ou suivant celles de la loi du 25 ventôse an XI.

Les vice-consuls, délégués directs des consuls, ou nommés par l'empereur, n'ont qualité pour recevoir ni les actes notariés, ni les actes de l'état civil. Aux termes de l'ordonnance du 26 octobre 1833, cette extension de pouvoir ne peut leur être conférée que par une décision spéciale du souverain.

Il faut remarquer ici, qu'à la différence des consuls, et, par cela même qu'ils n'ont pas de chanceliers auprès d'eux, ces agents consulaires remplissent personnellement les fonctions de chancelier. Ils doivent se faire assister de témoins, et par analogie avec ce que la loi prescrit aux notaires de France, lorsqu'il y a lieu pour eux de suppléer à la présence d'un second notaire ils doivent, lorsqu'ils reçoivent des testaments, se faire assister de quatre témoins.

CHAPITRE III.

PERTE DE LA QUALITÉ DE FRANÇAIS.

1° Art. 170. La qualité de Français se perdra par la naturalisation acquise en pays étranger.

La perte de la qualité de Français par la naturalisation acquise en pays étranger avait été prononcée successivement par l'art. 6 de la constitution de 1791 ; par l'art. 5 de celle de 1793 ; par l'art. 12 de la constitution de l'an III ; par l'art. 4 de la constitution de l'an VIII.

M. Treilhard, dans l'exposé des motifs, fait observer avec juste raison qu'un Français ne peut avoir deux patries ; qu'en en acceptant une nouvelle, on renonce nécessairement à la première. Les devoirs que la patrie impose ne souffrent pas de partage ; aussi le texte n'admet-il pas de protestations contraires, toutes les fois, bien entendu, qu'il s'agit d'un fait de naturalisation certain et absolu (Cass. 17 juillet 1826. Dev., 1826. 1. 418).

Comme le remarque M. Demolombe (I, n° 179), il faut incontestablement, d'ailleurs, que le Français ait eu la volonté d'acquérir la nationalité étrangère ; il ne suffirait pas que cette nationalité lui fût conférée par la loi étrangère, comme conséquence d'un fait qui, d'après la loi française et l'intention personnelle du Français, ne devait point avoir ce résultat. Si donc, la loi étrangère naturalisait, de plein droit le Français par exemple, qui achète un immeuble en pays étranger, ou qui épouse une femme du pays, ces actes ne lui feraient perdre sa qualité de Français, qu'autant que, par sa conduite personnelle, il prouverait qu'il a librement et sciemment accepté cette nationalité (Paris, 3 mai 1834, aff. Hernet. Dalloz, *Répert.*, v° *Droits civils* sous le n° 284).

L'art. 17 nous dit que la qualité de Français se perd par la naturalisation *acquise* en pays étranger, il ne suffit pas qu'elle ait été demandée, il est nécessaire qu'elle ait été obtenue. Jusque-là, tant que la naturalisation n'est pas parfaite, il conserve ses droits civils en France, et avant la loi de 1819, il était encore capable d'acquérir et de transmettre (Marcadé, art. 17, n° 1) (Demolombe, t. 1, n° 179).

Quelle que soit la cause pour laquelle le Français s'est fait naturaliser en pays étranger, il faut le considérer comme dénationalisé : la patrie n'admet pas de partage, la règle est absolue.

Ce point a été l'objet d'une discussion dans le conseil d'État. On fit observer que souvent des motifs d'intérêt et de commerce obligent le Français à se faire naturaliser en pays étranger : que, par exemple, sans cette précaution, il ne pourrait recueillir les successions qui s'ouvrent à son profit en Angleterre, où le droit d'aubaine existe. Qu'autrefois le gouvernement tolérait que des Français se fissent naturaliser en pays étranger, qu'il retirait de cette tolérance l'avantage de voir apporter en France les richesses, que le Français avait été recueillir sous le masque de la naturalisation.

Mais on répondit que conserver les droits civils au Français naturalisé à l'étranger, sous prétexte que son dessein n'est peut être que de s'enrichir, pour jouir plus tard de ses richesses en France, serait faire prévaloir une simple probabilité sur la certitude, qui résulte de sa naturalisation ; que les lois ne devaient pas se prêter à de semblables fraudes, hors le cas de guerre, où tout ce que le droit des gens ne prohibe pas est licite (Malleville, *Analyse raisonnée du Code civil*, p. 34).

Il semble résulter de cette dernière phrase que l'intention du législateur était de faire une exception à l'art. 17, en cas de guerre. En effet, M. Defermon fait observer qu'en temps de guerre, les négociants français, qui ont des maisons chez une puissance ennemie, ou transportent des marchandises par mer, sont forcés, dans l'intérêt de leur commerce, de faire naturaliser leurs agents en pays étranger, et qu'il serait dur do priver ces agents des successions, qui leur échoient en France.

M. Tronchet répond que les cas de guerre sont hors de la loi commune, parce que tout ce qui se fait est alors forcé.

M. Thibeaudeau ajoute que dans cette espèce l'agent naturalisé chez l'étranger prend toujours la précaution de faire en France la déclaration du motif de sa naturalisation, que cette déclaration lui conserve la qualité de Français (Fenet, VIII, p. 85).

La naturalisation en pays étranger ne fait perdre la qualité de Français que parce qu'on ne peut être à la fois citoyen de deux États, ni avoir deux patries. « Duarum civitatum civis nemo esse potest. » (Grotius, *De jure belli et pacis*, liv. 2, chap. 5, p. 24). Il faut donc, pour que cet effet soit produit, une naturalisation parfaite, c'est-à-dire qui assimile en tout le naturalisé aux indigènes de l'État, qui l'adopte, et qui lui impose toutes les charges en lui accordant tous les droits.

Quant à la naturalisation incomplètement acquise, elle ne fait pas perdre la qualité de Français; telle est en Angleterre la *dénization*. Cette espèce de naturalisation fait de l'étranger un *denizen*, c'est-à-dire un aubain affranchi par le roi (Blackstone, 3, chap. 15). Elle est accordée par de simples lettres du souverain à la différence de la naturalisation proprement dite, qui ne peut se conférer que par un bill du parlement; elle confère si peu à celui qui l'obtient la qualité de naturel anglais, qu'il demeure incapable de toute succession *ab intestat*. C'est une grâce limitée qui ne fait que relever l'étranger de certaines incapacités, l'affranchir de certaines prohibitions, et lui conférer la jouissance de certains droits civils dont l'exercice, suivant l'art. 17 de notre Code, est indépendant de la qualité de citoyen.

Cette question s'était déjà présentée sous l'ancienne législation; Basnage, dans son Commentaire sur l'art. 255 de la coutume de Normandie, cite un arrêt du parlement de Rouen du 8 août 1647, qui l'avait résolue en faveur du Français. On trouva, dit Basnage, que les lettres de dénization n'étaient pas de véritables lettres de naturalité, parce qu'elles n'avaient pas été passées au parlement d'Angleterre, formalité sans laquelle on ne peut devenir sujet anglais.

C'est d'après ces principes que la question a été résolue par la Cour de cassation (Cas. 19 janv. 1819, Sirey 19. 1. 174 ; Cass. 29 août 1822, Sirey 22. 2. 223).

Aujourd'hui la législation anglaise a changé sur ce point ; aux termes du statut 7 et 8 de Victoria, tout étranger, ami ou ennemi, qui veut obtenir une position analogue à celle de l'ancien denizé présente une supplique à l'un des principaux secrétaires d'Etat de Sa Majesté (ordinairement au ministre de l'intérieur), dans laquelle il fait connaître son âge, sa profession, la durée de sa résidence dans le Royaume-Uni, etc. ; le ministre fait une enquête, et s'il le juge convenable, il dresse un certificat par lequel il accorde à l'étranger, après que celui-ci aura prêté serment, tous les droits d'un sujet naturel né, sauf le droit d'être membre du Conseil privé, sauf aussi (s'il y a lieu) les droits spécialement désignés dans le certificat.

D'après M. Demangeat, il y aurait là une véritable naturalisation, susceptible même de procurer des avantages que ne procurait pas l'ancienne naturalisation accordée par le Parlement.

Tel n'est pas l'avis de la jurisprudence ; par arrêt du 27 juillet 1859, la Cour de Paris a décidé que le Français, qui a obtenu le certificat, et prêté le serment dont il vient d'être question, n'a point perdu pour cela sa qualité de Français. (Dev. Car., 59, 2, 677).

Pour notre part, nous préférons nous ranger au système de la Cour de Paris; à notre avis, le Statut de 1844 a eu pour but uniquement d'améliorer la situation des étrangers en Angleterre, d'étendre les droits qu'ils puisaient précédemment dans la dénization. — Il leur confère si peu la qualité de citoyen anglais (qui ne peut être accordée aujourd'hui encore que par un acte du Parlement), qu'ils ne peuvent se prévaloir des droits de citoyen anglais, même dans les possessions anglaises, autres que le territoire du Royaume-Uni.

Quant au serment d'allégeance qu'ils doivent prêter pour obtenir ce certificat, la Cour de Paris a reconnu (Sirey. 1859, 2, 677) que ce serment ne doit pas être considéré comme un acte de sujétion absolue, mais comme une simple mesure de police et de sûreté intérieure. (Massé, II, v° 992).

Toujours en vertu des mêmes principes, la collation d'un simple droit de bourgeoisie dans une ville dépendant d'un État étranger, spécialement en Westphalie dans la ville de Cassel, ne fait pas perdre à celui qui l'a obtenu la qualité de Français. Et c'est avec grande raison : autre chose est le droit de bourgeoisie conféré par une ville qui n'est qu'une fraction de l'Etat, autre chose est la naturalisation qui ne peut être accordée que par l'Etat luimême, ou par l'autorité publique qui le représente.

Ce droit de bourgeoisie d'ailleurs n'accordait dans tous les cas que l'exercice des droits civils, dans la ville où on l'obtenait, et la participation à ses priviléges, sans toucher à la naturalité. Ainsi jugé par la Cour de cassation, à propos du sieur Charvin, qui avait obtenu le droit de bourgeoisie dans la ville de Cassel. (Sirey, 52, 2, 561).

Cet arrêt nous paraît parfaitement conforme à l'esprit du Code, ainsi qu'au texte de l'art. 17 ; nous ne saurions en dire autant d'une ordonnance rendu en conseil d'État (arrêt du conseil d'État du 18 novembre 1842, (Sirey, 43, 2, 602). Cette ordonnance décide que l'obtention par un Français du droit de grande bourgeoisie à Hambourg ne suffit pas pour lui faire perdre la qualité de Français, que dès lors il demeure obligé au service de la garde nationale en France.

Nous ne nous trouvons plus ici, comme dans l'hypothèse précédente, en présence d'une ville dépendante d'un État étranger, mais d'une ville libre, d'une république indépendante. Il nous semble que l'obtention du droit de bourgeoisie équivaut à une véritable naturalisation dans l'État de Hambourg ; en effet, il confère aux étrangers les mêmes droits et les mêmes obligations qu'aux individus nés à Hambourg. Ils peuvent trafiquer en grand, posséder des immeubles en propre et remplir les charges du gouvernement. Le serment prêté par ceux qui l'obtiennent implique autre chose qu'une simple autorisation de commercer ; sa formule très-rigoureuse « Je pro-« teste et jure devant Dieu tout-puissant d'être fidèle et « favorable à cette ville, de chercher son bien et d'écarter « le mal autant qu'il peut être en mon pouvoir ; de ne « rien entreprendre contre le sénat de cette ville, soit « par paroles, soit par actions, et si j'apprends quelque « chose qui soit préjudiciable au sénat ou à la ville, d'en « faire fidèlement le rapport. »

Il nous reste encore une dernière question à examiner, celle de savoir si un Français peut exercer en Russie la profession de négociant sans perdre la qualité de Français.

En Russie le commerce forme une classe à part, ou plutôt une corporation, un état, un ordre (Soslovie). Cet ordre se divise en corporations, ou guildes suivant l'étendue des corporations, le montant du fonds commercial, et l'imposition acquittée de ce chef.

Nul ne peut exercer le commerce, s'il n'est inscrit dans une de ces trois guildes. — Nul étranger ne peut y être inscrit, s'il n'est naturalisé russe (art. 8-22-123, Dig. vol. XI), et une fois inscrit il est soumis aux mêmes charges que les indigènes.

La loi admet bien diverses exceptions, mais ces exceptions sont assujetties à tant de restrictions, et de limitations, qu'elles ne paraissent pas infirmer le principe.

En présence d'une pareille législation, il nous semble que le Français ne peut devenir négociant en Russie, sans perdre la qualité de Français.

Cependant MM. Demangeat (sur Fœlix), Massé (II, 993) semblent incliner dans un sens opposé, et voici les motifs de leur opinion.

En Russie la naturalisation s'opère par le seul effet du serment de sujétion à perpétuité prêté à l'Empereur ; mais les étrangers naturalisés peuvent en tout temps renoncer à la nationalité russe, et rentrer dans leur patrie, moyennant l'acquittement de certains droits. Les deux auteurs, que nous venons de citer, voient dans cette faculté qui leur est accordée de cesser d'être russe, et de pouvoir rentrer dans leur patrie, une naturalisation incomplète et incapable par conséquent d'entraîner la perte de la qualité de Français.

Malgré tout ce que ce système a de favorable, nous ne pouvons l'admettre, la loi russe est formelle, l'étranger devient sujet russe ; il est vrai qu'il pourra renoncer à cette qualité, mais il n'en aura pas moins été entièrement russe pendant un temps plus ou moins long. Nous croyons donc que cette naturalisation tombe sous le coup de l'art. 17-1° du C. Nap.

A l'appui de notre opinion, nous pouvons citer le décret impérial du 1er décembre 1860 :

« Les Français résidant en Russie, qui, pour faire le commerce, ont été obligés d'entrer dans les guildes des marchands, et de prêter à cette occasion le serment de sujétion à S. M. l'empereur de Russie, aboli par l'ukase du 7 (19 juin) 1860, sont réintégrés de plein droit dans la qualité de Français qu'ils avaient perdue. »

Aujourd'hui d'ailleurs la question ne pourrait plus se présenter, puisque ce serment de sujétion, entraînant la naturalisation en Russie, a été aboli par un ukase du 7 (19 juin) 1860.

II. *La qualité de Français se perdra par l'acceptation, non autorisée par l'empereur, de fonctions publiques conférées par un gouvernement étranger ;* parce qu'un semblable délégué étant obligé d'être fidèle au gouvernement qui l'aurait nommé, ne peut rester sous la dépendance entière du gouvernement français.

La Constitution de l'an VIII s'était montrée encore plus sévère, elle ne reconnaissait pas de fonctions autorisées. Mais on a pensé que l'intérêt de la France ou d'une nation alliée solliciterait quelquefois le service public d'un Français en pays étranger.

Ce texte s'applique particulièrement aux fonctions politiques, administratives, judiciaires, et aux services et titres personnels auprès des princes étrangers (décret du 6 avril 1809; avis du conseil d'État du 14 janvier 1812, et aussi du 7 janvier 1808; Cass. 14 mai 1834, Despine *C.* Demidoff, D. 1834. 1. 245).

L'exercice des fonctions ecclésiastiques entraîne t-elle la perte de la qualité de Français ?

A cette égard nous croyons qu'il faut faire une distinction.

Si les fonctions, que le prêtre occupe en pays étranger, sont bornées à ce que le ministère sacerdotal a de spirituel, de divin, et le soumettent ainsi à l'autorité ecclésiastique plutôt qu'à l'autorité civile, l'art. 17 ne s'appliquera pas (Cass. 17 novembre 1818, aff. Tempié) (Sirey, 1819. 1. 195). Mais est-il réputé par la loi du pays fonctionnaire public, y a-t-il prêté serment de fidélité au monarque, en a-t-il reçu un traitement, alors il tombe sous le coup de l'art. 17; il perd la qualité de Français, parce qu'en ce cas les fonctions ecclésiastiques se rattachent à l'exercice de la puissance publique.

En vertu d'un décret du 7 janvier 1808, nul ecclésiastique ne peut, sans perdre la qualité de Français, accepter la collation faite par le pape d'un évêché *in partibus*, s'il n'a été autorisé par le gouvernement.

La disposition de l'art. 17-2° ne concerne pas la profession d'avocat, et c'est avec raison qu'on a décidé que la profession d'avocat en pays étranger, sans autorisation de l'empereur, n'emporte pas la perte de la qualité de Français (Montpellier, 12 juill. 1826, Travy, D. 1827, II, 140).

Il en est ainsi, à plus forte raison, de la profession de médecin, d'instituteur, de professeur, en tant du moins que ces professions sont exercées d'une manière libre et indépendante.

La Cour de Douai, par arrêt du 12 novembre 1844 (D. 45. 4. 167), a décidé que l'art. 17 ne s'appliquait pas au Français qui aurait accepté des fonctions de professeur dans un athénée étranger (à Tournai), quand ces fonctions lui ont été conférées par l'autorité municipale de la ville, et ne le soumettaient à aucun serment. Mais que décider du médecin français attaché, sans autorisation de l'empereur, à un hôpital public étranger, avec prestation de serment et traitement ? Même question pour le Français professeur dans une université de l'État en pays étranger ?

L'opinion la plus accréditée ne fait pas résulter de ces sortes de situations la perte de la qualité de Français lorsque, d'ailleurs, le serment prêté n'a rien d'incompatible avec les devoirs de Français envers la France (Cass. 15 nov. 1836, l'État, D. 1836. 1. 451 ; Merlin, Répert., vᵒ Français, t. I ; Coin-Delisle, art. 17, nᵒ 14).

D'autres auteurs voient dans ces fonctions un caractère public, et les rangent parmi les fonctions visées par l'art. 17-2ᵒ.—Toutes ces circonstances réunies de nomination par un gouvernement étranger, de traitement, de serment prêté, de fonctions enfin qui ont un certain caractère public, toute cette situation paraît bien rentrer dans les termes de l'art. 17-2ᵒ.

Nous pensons donc qu'il sera plus sûr, en pareil cas de demander l'autorisation de l'empereur.

III. *La qualité de Français se perd par tout établissement fait en pays étranger, sans esprit de retour. Les établissements de commerce ne pourront jamais être considérés comme ayant été faits sans esprit de retour.*

La loi n'a pas déterminé quelles sont les circonstances qui entraînent la perte de l'esprit de retour ; c'est une question de fait et d'intention, qu'elle a laissée à l'appréciation des tribunaux ; d'après M. Duranton (1-128) les faits et les circonstances les plus probantes sont : l'aliénation de tous les biens, l'émigration avec l'épouse et les enfants, l'interruption de toute relation avec la France, etc.

Aux termes de l'art. 1 de l'ordonnance sur les consulats du 18 novembre 1833, les Français, résidant en pays étranger, doivent pour justifier leur esprit de retour, et jouir des droits et priviléges attachés à la qualité de Français, se faire inscrire sur un registre matricule, ouvert à cet effet à la chancellerie du consulat ; nous ne croyons pas cependant que si le Français négligeait cette formalité, son omission pût faire contre lui preuve complète de l'abandon de sa nationalité, de la perte de l'esprit de retour.

La présomption sera toujours en faveur du Français qui s'est établi à l'étranger ; ce sera donc à celui qui prétend que ce Français a perdu sa nationalité, à prouver qu'en fait il avait perdu l'esprit de retour, qu'il s'était *habitué* à l'étranger (Bacquet, *Droit d'aubaine*, chap. 37. v° 8) ; (Poitiers, 26 juin 1829. De Tenessu, D. 1830, 2, 149).

La loi ne suppose pas facilement l'intention de renoncer à la qualité de Français et, comme le disait M. Boulay, (*Exposé des motifs*, Fenet, VIII, p. 148) « il faut penser que le cas de perte de l'esprit de retour arrivera rarement ; il faudra de bien fortes preuves pour accuser un Français d'un tel abandon, et ce qui doit rassurer, c'est que nulle preuve ne pourra être alléguée à raison d'un établissement de commerce. »

Cette dernière disposition est fondée sur la nature des choses, et sur les nécessités de commerce, qui attirent les commerçants là où la fortune paraît leur sourire « mercatores solent proficisci quo illos spes lucri invitat. » (Casaregis. Disc. 199, vº 17). Cette règle est conforme aussi à notre caractère national ; de tous les peuples de l'univers, le Français est celui qui reste le plus fidèlement attaché à sa patrie (Disc. du Tribun Garait F. VII, 656).

Le Code ne fait d'ailleurs que consacrer ce qui était admis par l'ancien usage de tous les peuples commerçants « habitatio accidentaliter facta in aliquo loco pro ibi exercendo mercaturam non sufficit ad acquirendum incolatum illius loci. » (Casaregis. Disc. 179, vº 13), mais en consacrant cette ancienne pratique, le Code lui a donné plus d'étendue ; Casaregis la restreignait aux commerçants, qui n'amenaient pas avec eux leur famille, et n'avaient pas d'établissement fixe ; la généralité des termes de l'art. 17, Code Nap., embrasse tous les établissements de commerce, quelles que soient d'ailleurs leur importance et leur fixité.

Il nous reste à examiner la question de savoir en quoi consiste l'exception admise par la loi en faveur des établissements de commerce ; autrement dit comment faut-il entendre la règle que les établissements de commerce ne peuvent jamais être considérés comme ayant été faits sans esprit de retour? Faut-il entendre cette disposition en ce sens que les établissements de commerce ne sont point présumés, tant que la preuve du contraire n'est pas établie, faits avec perte de l'esprit de retour? Non, M. Boulay dans son rapport au conseil d'État, a dit en termes exprès, « on ne suppose pas facilement que le « Français qui s'établit à l'étranger a renoncé à sa pa-« trie ; mais, ajoute-t-il, nulle preuve ne pourra même « être alléguée contre lui à raison d'un établissement de « commerce. »

L'établissement de commerce ne suffira donc jamais pour prouver l'absence de l'esprit de retour, tout autre établissement au contraire pourrait avoir à lui seul cet effet.

Toutefois si le Français, qui a formé un établissement de commerce en pays étranger, ne peut jamais être considéré comme ayant perdu, par ce seul fait, l'esprit de retour, et sa nationalité d'origine, rien n'empêche qu'il ne puisse les perdre par d'autres circonstances laissées à l'appréciation des tribunaux. En d'autres termes, comme le remarquent fort bien MM. Aubry et Rau, « si il ne devient pas étranger comme commerçant, il peut le devenir quoique commerçant. L'opinion contraire amènerait ce résultat bizarre, qu'il suffirait de fonder un établissement commercial, à l'étranger, pour pouvoir ensuite former tout autre établissement à vie, sans esprit de retour, et échapper ainsi à la disposition de l'art. 17.

IV. *Le Français, qui, sans autorisation de l'Empereur,*

prendrait du service militaire chez l'étranger ou s'affilierait à une corporation militaire étrangère, perdra sa qualité de Français.

Dans notre ancien droit, un Français ne pouvait jamais prendre du service dans les armées étrangères, sans la permission du roi. Ce principe néanmoins ne s'appliquait à la rigueur, qu'à la noblesse, et même strictement qu'à la haute noblesse, dans laquelle se prenaient les principaux officiers. Un simple gentilhomme qui allait servir chez les étrangers, et, à plus forte raison, un citoyen plus obscur, qui s'engageait dans les troupes d'une autre puissance, sans avoir préalablement obtenu la permission du roi, n'encouraient ni sa disgrâce, ni la perte de leur qualité, pourvu qu'ils revinssent aussitôt qu'ils étaient rappelés.

Et encore les uns et les autres, c'est-à-dire les nobles quelque fût leur rang, et les roturiers, n'encouraient-ils pas de plein droit la peine de la dégradation civique, ce n'était qu'après avoir été déclarés relaps par un jugement. S'ils revenaient avant que le jugement fût prononcé, l'accusation tombait, et il n'y avait lieu à aucune peine (Jousse, *Matières criminelles*).

La loi nouvelle est bien plus rigoureuse. Elle ordonne que la peine sera encourue par le seul fait de l'acceptation du service militaire. Dans l'art. 21, la loi se montre plus sévère que dans les cas ordinaires, car :

1° Le Français, qui a perdu sa nationalité pour avoir pris du service militaire, ne peut la recouvrer qu'en remplissant les conditions imposées à l'étranger pour devenir citoyen, le tout sans préjudice des peines prononcées par la loi criminelle, contre le Français qui a porté ou qui portera les armes contre sa partie;

2° Celui qui a perdu la qualité de Français de la manière indiquée par l'art. 21 est traité plus rigoureusement, que celui qui a fait cette perte de toute autre manière. Celui-ci est assimilé simplement aux étrangers; il peut commercer, entrer librement en France, y voyager, y demeurer; celui-là est frappé d'une sorte de bannissement, il ne peut pas rentrer en France sans la permission du gouvernement.

La politique, l'intérêt de la nation, celui de nos alliés, peuvent exiger que des Français aillent servir dans leurs armées.

Le gouvernement pourra donc les autoriser à prendre du service à l'étranger, et en ce cas ils conserveront leur nationalité.

Quel est le sens précis et exact qu'il faut attacher à ces mots *service militaire chez l'étranger?* »

Nous croyons que, par ces mots, on doit entendre tout service constant, régulier, l'enrôlement dans des régiments réglés, dans un corps de troupe, soit de ligne, soit de garde souveraine.

Mais que décider en cas de service à l'étranger dans la garde nationale, dans une milice urbaine?—M. Guichard enseigne que ce cas est visé par l'art. 21, que par conséquent le Français qui y prend service perd sa nationalité. Nous ne pouvons partager une opinion aussi absolue; suivant nous, il faut distinguer entre le cas où le service dans les milices a uniquement pour objet de maintenir l'ordre et la police à l'intérieur, et celui où la garde est instituée pour la défense du territoire.

Dans le premier cas, on ne peut voir dans l'assistance qu'on prête à l'autorité un véritable service militaire ; intéressé à l'ordre dans la ville qu'il habite, il est naturel que le Français y concoure de sa personne. Nous ne pouvons en dire autant de la deuxième hypothèse, il y a là réellement service militaire destiné à agir contre les ennemis du pays où l'on sert, partant contre la France, si elle se trouvait aux prises avec la nation où se trouve le Français dont nous nous occupons (Bordeaux, 14 mars 1850, Charvin ; déc. 1852. 2. 561) (Coin-Delisle, art. 21, n° 2).

Nous trouvons ici une application par voie de réciprocité, des dispositions de nos propres lois concernant les étrangers résidant en France ; en effet, l'art. 10 de la loi de 1831 sur la garde nationale porte que les étrangers, qui jouissent des droits civils en France, pourront être admis à faire partie de ce corps.

Quant aux Français qui, sans prendre du service dans la marine militaire de l'étranger, prennent sans autorisation du service sur les bâtiments étrangers armés en course, ils peuvent être condamnés comme pirates (loi du 10 août 1825, art. 19), mais nous ne croyons pas qu'ils perdent la qualité de Français (Massé, II, n° 992).

Par là même que l'art. 21 contient des dispositions très-rigoureuses, il faut les appliquer d'une manière restrictive.

Ces mots « au service d'une puissance étrangère » ne doivent s'entendre que d'une puissance reconnue par la France, et non du gouvernement d'un prétendant non reconnu par elle. La Cour de Toulouse (18 juin 1841) a décidé ainsi à propos d'un Français qui avait été au service de don Carlos. De même, la perte de la qualité de

Français n'atteint que le Français qui a contracté *un engagement* au service d'une puissance étrangère, et non celui qui, sans aucun engagement, n'a prêté qu'un secours momentané en pays étranger à l'un des partis qui se disputaient le pouvoir (Paris, 11 mars 1846 ; Dalloz, 1846. 2. 100).

Les tribunaux se sont toujours montrés disposés à appliquer l'art. 21 d'une façon restrictive ; ainsi il a été jugé :

1° Que l'entrée au service militaire d'une puissance étrangère, sans autorisation du souverain, ne doit toutefois entraîner la perte de la qualité de Français, qu'autant que l'engagement a été contracté en majorité (arg. de l'art. 9 du Cod. Nap., et de la loi du 7 fév. 1851 ; Metz, 25 avril 1847 ; Hannonet, Dev. 49. 2. 310 ; Metz, 10 avril 1849 ; Schmitt, dev. 50. 2. 275.

2° Que le Français, qui avait perdu sa qualité pour cette cause, se trouvait relevé de cette déchéance, soit par une autorisation obtenue ultérieurement, soit par le seul fait de sa nomination postérieure à des fonctions publiques (Paris, 8 fév. 1845, Dequer, Dev. 47. 2. 364 ; Amiens, 24 janv. 1849, Dev. 49. 2. 585. Voyez toutefois Toulouse, 1ᵉʳ août 1851, Lafait, Dev. 52. 2. 285).

Par corporation militaire étrangère, on entend tout ordre militaire étranger, tel que celui de Malte, l'ordre Teutonique, etc. Une telle affiliation paralyse dans le Français affilié, par la subordination qu'elle exige, le dévouement qu'il doit à sa patrie.

Des effets de la perte de la qualité de Français.

Il semblerait que la situation légale du Français devenu étranger dût être indentiquement la même que celle des autres étrangers; toutefois il n'en a jamais été ainsi. Sous le Code civil, les ci-devant Français, pouvaient, dans les cas ordinaires, recouvrer la qualité de Français plus facilement que les autres étrangers ne pouvaient l'acquérir (art. 18). Seulement cette faveur particulière était refusée à ceux qui, sans autorisation du chef de l'État, avaient pris du service militaire à l'étranger, ou s'étaient affiliés à une corporation militaire étrangère (art. 21).

Deux décrets impériaux, l'un du 6 avr. 1809, l'autre du 26 août 1811, ont modifié grandement la législation à cet égard.

Le premier, celui du 6 avr. 1809, est relatif :

Aux Français, qui auraient porté les armes contre la France (tit. I); aux devoirs des Français qui sont chez une nation étrangère, lorsque la guerre éclate entre la France et cette nation (tit. II); aux Français rappelés d'un pays étranger avec lequel la France n'est pas en guerre.

Aux termes de l'art. 6, les Français, qui sont au service militaire d'une puissance étrangère, sont tenus de la quitter, lorsque des hostilités éclatent entre la France et cette puissance, de rentrer sur le territoire français, et de justifier de leur retour dans les trois mois à compter du jour des premières hostilités.

La sanction de ces dispositions se trouve dans l'art. 19; le contrevenant est réputé avoir porté les armes contre la France, et puni de mort avec confiscation de biens.

Les Français, qui ont des fonctions politiques, administratives et judiciaires chez l'étranger, sont tenus de rentrer en France dans le même délai : faute de ce ils sont déclarés morts civilement, et on prononce contre eux la peine de la confiscation (art. 20, 22). Enfin les contrevenants au décret sont déclarés justiciables de cours spéciales.

Le décret du 26 août 1811 a un objet plus général, celui de compléter la législation sur la naturalisation des Français en pays étranger; il s'occupe aussi de l'entrée de Français au service d'une puissance étrangère.

D'après le Code civil le Français qui se fait naturaliser en pays étranger n'encourait aucune peine. Le législateur considérait ce fait comme licite, et entraînant seulement la perte de la qualité de Français. Mais l'auteur des décrets voit dans l'abandon de la patrie un fait coupable, à moins que, pour des motifs légitimes, il ne soit autorisé par le Chef de l'État.

Le principe du décret est qu'il est défendu à tout Français de se faire naturaliser en pays étranger sans autorisation.

Les articles suivants déterminent les effets très-différents de la naturalisation autorisée et de la naturalisation non autorisée.

Dans le premier cas, l'effet de la naturalisation ainsi autorisée est de conserver au Français le droit de posséder et de transmettre, ainsi que celui de succéder, quand même les sujets du pays où il est naturalisé ne jouiraient pas de ces droits en France (art. 3).

L'effet de l'autorisation est personnel à l'individu naturalisé et ne s'étend pas à ses enfants conçus en pays étrangers postérieurement à la naturalisation : ils sont considérés comme étrangers sous les deux exceptions suivantes :

1° Ils pourront réclamer la qualité de Français en remplissant les formalités prescrites par les art. 9 et 10 du Code civil ;

2° Ils recueilleront les successions et exerceront les droits qui s'ouvrent à leur profit pendant la minorité, et pendant les 10 ans qui suivent leur majorité accomplie (art. 4).

Dans le second cas, le Français, naturalisé sans autorisation, encourt la perte de ses biens qui sont confisqués.

Il perd le droit de succéder ; toutes les successions qu'il aurait pu recueillir passent à l'héritier regnicole qui est appelé après lui (art. 6).

Il est déchu des titres institués par le sénatus-consulte du 14 août 1806, et qu'il aurait reçus directement ou par transmission (art. 8). Ces titres et les biens y attachés seront dévolus à la personne restée française, appelée selon les lois, sauf les droits de la femme qui seront réglés comme en cas de viduité (art. 10).

S'il est trouvé sur le territoire français, il est pour la première fois arrêté et reconduit au delà des frontières. En cas de récidive, il est traduit devant les tribunaux français, et condamné à être détenu pendant un an au moins et dix ans au plus (art. 11).

L'art. 12 déclare toutefois que le Français pourra être

relevé de ces déchéances et affranchi de ces peines par des lettres de relief.

Le titre IV s'occupe des Français au service d'une puissance étrangère, et adoucit beaucoup sur ce point les dispositions du décret du 6 avril 1809.

Une des dispositions les plus importantes du décret de 1809 consistait dans la définition du fait d'avoir porté les armes contre la France. Le décret de 1811 contient de ce fait une définition nouvelle conçue en ces termes : « Ceux qui, étant entrés au service d'une puissance étrangère, y sont demeurés après la guerre déclarée entre la France et cette puissance, sont considérés comme ayant porté les armes contre la France, par cela seul qu'ils auront continué à faire partie d'un corps militaire destiné à agir contre l'empire français et ses alliés (art. 27). »

On peut dire que cette définition nouvelle est d'une grande indulgence. Il y a loin de là à la définition du décret de 1809. D'après ce dernier décret, le fait d'avoir été au service militaire de l'étranger lors d'un décret de rappel, et de n'être pas rentré en France est puni de mort; d'après le second, il faut être resté au service militaire de l'ennemi, et cette circonstance même ne suffit pas, il faut être resté dans un corps destiné à agir contre la France.

Toutes les opinions sont unanimes pour reconnaître l'excessive violence et l'inconstitutionnalité de ces décrets; chacun comprend qu'ils sont dus à une époque, à des circonstances, à un régime enfin, profondément différents de notre temps, de nos mœurs, de nos institutions actuelles; et pourtant lorsqu'il s'agit de savoir si ils sont encore en vigueur, on ne rencontre nulle part peut être plus de dissidence et d'incertitude. Pour notre part, comme, d'après la constitution de l'an VIII (art. 21, 37 et 44) les décrets entachés d'inconstitutionnalité devenaient obligatoires, quand ils n'avaient pas été attaqués dans les dix jours de leur émission, et qu'aucun acte législatif n'a prononcé l'abrogation des deux décrets dont il s'agit ; il nous paraît nécessaire d'admettre que ces deux décrets, si exorbitants qu'ils soient du droit commun, sont toujours obligatoires dans toutes celles de leurs dispositions, qui ne se trouvent pas incompatibles avec les lois postérieures : à cette dernière catégorie appartiennent évidemment :

1° La juridiction attribuée par le décret de 1809 aux cours spéciales, aux commissions militaires (ch. const., art. 53, 54). Il est clair du reste qu'avec cette juridiction sont tombées les formes particulières de procéder que le décret y avait attachées (D. de 1809, art. 11-18).

2° La confiscation employée avec tant de profusion dans les deux décrets (ch. const., art. 57).

3° La mort civile (loi 31 mai 1854).

Il nous reste sur cette matière deux questions à examiner :

I. Depuis l'abolition de la confiscation, à qui passent les biens, qui, selon l'art. 6 du décret du 26 août 1811, devaient être confisqués sur le Français naturalisé, ou entré au service d'une puissance étrangère, sans autorisation ?

Sur cette question, M. Duranton enseigne que le Français, qui s'est fait naturaliser sans autorisation, est frappé d'une sorte de mort civile, et que sa succession est ouverte au profit de ses héritiers légitimes (Delvincourt, I, p. 205). — Il argumente de la perte des biens, qu'il traduit en ouverture de succession, et s'appuie aussi sur ce que, aux termes de l'art. 9, les droits de la femme sont réglés comme au cas de viduité. Mais il n'est pas permis de raisonner ainsi par induction ; et puisque le mot de mort civile n'est pas prononcé ici, comme il l'est dans le décret de 1809, il en faut conclure que cette mort civile n'a pas lieu. — Nous déciderons en conséquence que la succession n'est pas ouverte, et que l'abrogation de la confiscation a pour effet nécessaire non pas la transmission à des héritiers que ne peut avoir un homme vivant, mais la conservation des biens à leur propriétaire.

II. L'incapacité de succéder prononcée par l'art. 63 du décret de 1811 a-t-elle été abolie par la loi du 14 juillet 1819 ?

Tel est l'avis de Merlin (Répert., v° Français), tel paraît être aussi celui de M. Valette (sur Proudhon, t. I, d. 187) qui pense que le décret de 1811 ne fait que se conformer parfaitement au Code Napoléon, en déclarant que la perte de la qualité de Français, entraîne la privation des droits civils, et notamment la déchéance du droit de succéder (Paris, 1" février 1836. Sirey 1836, II, 173).

Ce système sans doute est favorable, puisqu'il tend à repousser l'application d'une pénalité exorbitante ; mais quelque désir qu'on doive avoir d'entrer dans cette voie, il faut pourtant reconnaître qu'il repose sur une fausse interprétation tant de la loi de 1819, que du décret de 1811.

La loi de 1819 a eu pour objet unique de lever les incapacités attachées à la qualité d'étranger, incapacités résultant des art. 726 et 912 : elle se borne à abroger ces deux articles. — Cette loi n'a pas eu en vue d'abroger l'art. 6 du décret de 1811.

Ce n'est pas en effet à titre d'étranger seulement et par application des art. 726 et 912 que le Français naturalisé encourt, aux termes des art. 6 et 7 du décret, l'incapacité de succéder, et la perte des droits civils : c'est à titre de déchéance, à titre de peine pour contravention à la défense qui lui était faite par les art. 1 et 17. L'art. 6 du décret dit, sans réserve ni distinction : «Il n'aura plus le droit de succéder. » — C'est ainsi que sous Louis XIV et sous Louis XV les protestants émigrés n'étaient pas habilités à succéder dans le royaume par les traités, qui en déclaraient capables les habitants du pays où ils se réfugiaient (MM. Demrl. I, n° 168 ; Demante *Revue étrangère et française*, t. I, p. 443 ; Aubry et Rau, t. I, p. 239).

POSITIONS.

DROIT ROMAIN.

I. Les conciliations proposées entre les lois 8 au digeste *De castr. pecul.*, et les lois 13 et 16 *eod. titul.*, ne sont pas satisfaisantes.

II. Le père, reprenant le pécule castrense, a le bénéfice des stipulations faites par l'esclave du pécule, pendant le temps où l'héritier institué délibérait (D. l. 33, *De adq. rer. dem.*). Papinien déclarait cette stipulation nulle, mais son opinion ne prévalut pas (D. loi 14 *De castr. pec.*). Les derniers mots de cette loi ont été interpolés.

III. Dans le système des Institutes, le pécule castrense du fils de famille, à défaut de descendants, et de frères ou sœurs, passe au père *jure communi*, c'est-à-dire *jure peculii*.

IV. Le vendeur n'est garant des servitudes prédiales, qu'autant qu'il a vendu le fonds *uti optimus, maximus*.

V. Le *pactum nudum* engendre une obligation naturelle.

VI. Le fils de famille était capable de s'obliger vis-à-nis des tiers, mais ceux-ci étaient forcés d'attendre la dissolution de la puissance paternelle pour mettre à exécution la condamnation, qu'ils avaient obtenue.

DROIT FRANÇAIS.

I. Le défaut des publications prescrites par l'art. 170 ne peut jamais, à lui seul, entraîner la nullité du mariage.

II. La seule sanction de l'art. 171 consiste dans les difficultés et les lenteurs que présentera la preuve du mariage, lorsqu'il n'aura pas été régulièrement transcrit en France.

III. La naturalisation du mari en pays étranger, n'entraîne pas pour la femme la perte de la nationalité française.

IV. Le mariage contracté entre un Français et une étrangère, divorcée conformément aux lois de son pays est valable en France.

V. La femme mariée étrangère peut avoir une hypothèque légale sur les biens que son mari possède en France.

VI. Lorsque l'absent revient, le droit d'attaquer le mariage, qu'aurait contracté son conjoint, appartient non pas seulement à l'absent de retour, mais à toutes les personnes mentionnées dans l'art. 184 C. Nap.

VII. Il n'y a pas de contradiction entre l'art. 1006 et l'art. 1008 C. Nap., même lorsque le légataire universel a été institué par un testament olographe ou mystique.

VIII. L'enfant naturel, reconnu à la fois par sa mère française, et par son père étranger, suivra la condition de son père.

IX. La prescription extinctive d'engagements personnels est réglée par la loi du lieu de la naissance de l'obligation.

X. Les décrets de 1809 et de 1811 ont force de loi dans celles de leurs dispositions, qui ne sont pas incompatibles avec les lois postérieures.

PROCÉDURE.

I. Les tribunaux français sont compétents pour statuer sur la validité d'une saisie-arrêt faite en France sur les fonds d'un gouvernement étranger.

II. La violation d'une loi étrangère donne ouverture à un recours en cassation.

DROIT PÉNAL.

I. La concubine d'un homme marié doit être traitée comme coauteur, et non pas comme complice de l'adultère.

II. L'amnistie dispense de la réhabilitation.

HISTOIRE DU DROIT.

I. A l'époque franque, ce n'était pas la totalité des hommes libres de la localité, qui, sous le nom de Rachimbourgs, jugeaient dans le *Mallum*.

II. Les Établissements de saint Louis ne forment pas un Code de lois émané de ce prince.

DROIT DES GENS.

I. Le ministre représentant d'un peuple n'est pas inviolable en dehors du territoire du pays où il doit remplir sa mission.

II. Le navire marchand étranger est soumis à la juridiction de la nation, dans le port de laquelle il se trouve.

Le président de la thèse,
BUFNOIR.

Vu par le doyen,
COLMET-DAAGE.

Vu et permis d'imprimer,
Le Vice-Recteur,
A. MOURIER.

Paris. — Imprimé par E. Thunot et Cⁱᵉ, rue Racine, 26.

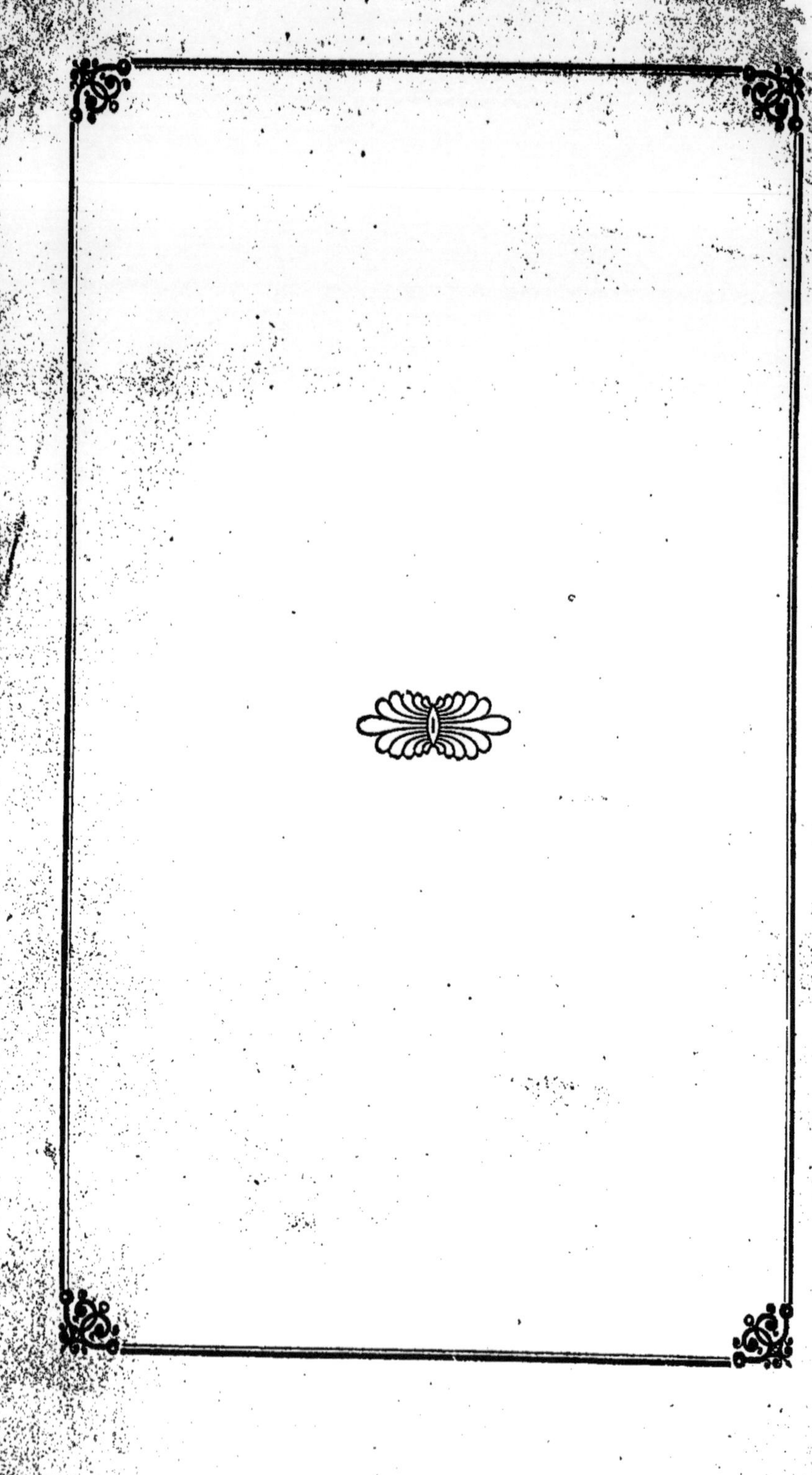